AF523782

Otfried Höffe

Die hohe Kunst des Verzichts

Otfried Höffe

Die hohe Kunst des Verzichts

Kleine Philosophie der Selbstbeschränkung

C.H.Beck

Originalausgabe

www.chbeck.de
Umschlaggestaltung: Kunst oder Reklame, München
Satz: Fotosatz Amann, Memmingen
Druck und Bindung: CPI – Ebner&Spiegel, Ulm
Gedruckt auf säurefreiem und alterungsbeständigem Papier
Printed in Germany
ISBN 978-3-406-80746-6

klimaneutral produziert
www.chbeck.de/nachhaltig

Für Evelyn,

mein Vorbild humaner Selbstbeschränkung

Inhalt

Vorwort 11

1. Ein erstes Verzichtsmuster: Freiheitsverzichte um der Freiheit willen: Die Welt des Rechts . . 23

Ein neutrales Grundverständnis 24
Rechtszustand: Elementarer Freiheitsverzicht 29
Privatrecht: Verzicht auf Rechtsansprüche 33
Verzicht auf Herrschaft? 34
Öffentliches Recht: Verzicht auf Privatlegislative, Privatexekutive und Privatjustiz 37
Strafrecht: Verzicht auf Rache und Verzicht auf das Talionsprinzip 40
Rechtsexterne Verzichte auf Rache 45

Erstes Zwischenspiel:
Der säkulare Charakter im biblischen Dekalog 49

2. Ein zweites Verzichtsmuster: Menschsein ermöglichen 51

Lebenskunst 52
«Ein Tier heranzüchten, das versprechen darf» . . . 55
Drei Kardinaltugenden: Tapferkeit, Gerechtigkeit und Klugheit 57
Die vierte Kardinaltugend: Besonnenheit 63

Kleine Aktualisierung:
German Angst – Den Lebensmut nicht verlieren –
In die eigene Zukunft investieren – Besonnenheit
öffentlicher Instanzen 68
Freie Mehrleistungen 73

Zweites Zwischenspiel:
Verzichte, wo man sie nicht erwartet 79

Religiöse und weltanschauliche Toleranz 79
Die kleine Toleranz: Sich nicht einmischen 86
Eine unsichtbare Hand 88
Arbeit 90
Weitere Verzichte 94

3. Ein drittes Verzichtsmuster:
Menschsein steigern: Lebensideale 99

«Ein Gärtchen, Feigen, kleiner Käse
und dazu drei oder vier Freunde» 101
Fasten 108
Sich verleugnen 114
Aufklärung 118
Drei Prunkworte: Armut, Demut, Keuschheit 120
Lebensweisheiten 124

Drittes Zwischenspiel:
Erfüllung durch Verzicht: Hohe Minne 128

4. Ein viertes Verzichtsmuster:
Aktuelle Krisen bewältigen 133

Finanzkrise 135
Flüchtlingskrise 137
Pandemie 139
Energiekrise 142

Viertes Zwischenspiel:
Vernünftige Verzichte? 144

Altersdiskriminierung und Leibfeindlichkeit 144
Ein Recht auf Faulheit? 148
Geist des Kapitalismus? 151

5. Ein fünftes Verzichtsmuster:
Den Planeten retten 157

Wider Panikmache 158
Nicht unterschlagen: Bevölkerungsexplosion 168
Überbeanspruchung der Natur 170
Wem gehören die tropischen Regenwälder? 174
Klimapolitik 1: Ist dem Menschen eine Herrschaft
über die Natur erlaubt? 176
Klimapolitik 2: Aktuelle Aufgaben 179

Bilanz:
Eine Kunst humanen Verzichts 183

Literatur 189

Personenregister 191

Vorwort

Dass der Verzicht, zumal der freiwillige, keinen guten Ruf hat, wird niemand bestreiten. Ein Essay, der sich trotzdem auf das Thema einlässt, muss mit Kopfschütteln rechnen. Er muss sich die Frage gefallen lassen, warum er sich keinem wichtigeren, vor allem keinem attraktiveren Gegenstand zuwendet. Denn warum soll man, zumal nicht bloß in einem Teilbereich, sondern umfassend, sich auf das einlassen, wozu Verzichte auffordern? Warum soll man sich ohne äußeren Zwang einschränken, beispielsweise Konsumverzicht üben, vorzeitig ein Amt aufgeben, einen gegenwärtig drängenden Wunsch nicht erfüllen, also Triebverzichte vornehmen? Oder: Warum soll man dort, wo neuerdings dann doch über Verzichte geredet wird, warum soll man um des Umwelt- und Klimaschutzes willen seine Lebensweise nicht nur ein wenig, sondern tiefgreifend verändern?

Weil diese Rückfragen berechtigt sind, also Zweifel am Wert des Themenfeldes nicht bloß erlaubt sind, sondern sich geradezu aufdrängen, muss, wer sich trotzdem darauf einlässt, die Beweislast übernehmen: Eine Philosophie, auch wenn sie sich kluger- und bescheidenerweise «klein» nennt, beansprucht, jetzt weniger bescheiden, Aufklärung. Sie sucht nämlich das Phänomen des Verzichtens neu zu sehen: umfassender und gründlicher. Überdies soll das Verzichten, neu bewertet, nicht bloß als ungeliebte, sondern als eine in vieler Hinsicht willkommene Praxis eingeschätzt werden.

Zu diesem Zweck sind drei Dinge zu klären: Als erstes suche man die Diskussionsfelder auf, in denen der Verzicht früher positiv bewertet wurde. Als nächstes räume man ein, dass selbst in diesen Bereichen der Verzicht an Reputation verloren hat und forsche nach den Gründen. Schließlich ist zu überlegen, ob für den Bedeutungsverlust nicht nur zeitspezifische, sondern auch allgemeine, im Wesen des Verzichts und in der Natur des Menschen liegende Gründe verantwortlich sind.

Beginnen wir mit der letzten Aufgabe: Dort, wo man jeden Verzicht von sich weist, folgt man, sagen Philosophen, dem Lustprinzip, und stellen die Gegenfrage, warum man sich dem Lustprinzip widersetzen und auf Verzichte, in Sigmund Freuds Begriffen: auf Triebverzichte, einlassen soll. Denn, wie eineinhalb Jahrhunderte zuvor ein englischer Rechts- und Sozialphilosoph, Jeremy Bentham, erklärte, ist der Mensch seiner Natur nach der Herrschaft zweier Herren unterworfen, dem Verlangen nach Lust und dem Drang, Übel, Schmerz und Leid zu vermeiden. Warum also sollte man sich dieser Herrschaft, sofern es überhaupt möglich ist, entziehen wollen?

Das entscheidende Argument gegen Selbstbeschränkungen liegt auf der Hand: Wer sich dem Lustprinzip entgegenstellt, nimmt Mühen auf sich und erfährt Frustration. Verzichte können dem Betreffenden weh, nicht selten bitter weh tun. Selbst in weniger gravierenden Fällen verlangen sie dem Betreffenden zumindest emotionale Kosten ab. Weil man also Verzichte nicht wohlfeil, gewissermaßen umsonst vornehmen kann, sind sie notwendig ungeliebt, häufig genug sogar verhasst.

Wer sich trotzdem auf sie einlässt – und dieser Essay entdeckt zahlreiche Gründe, das zu sollen, selbst es zu wollen –, der braucht zweierlei Fähigkeiten: Er muss weltoffen und klug genug sein, die Gründe einzusehen. Darüber hinaus muss er gegen die Herrschaft des Lustprinzips jene Widerstandsfähigkeit entwickeln, die man heute, da es professioneller klingt, Resilienz nennt. Erst sie macht es nämlich möglich, die als berechtigt eingesehenen Gründe über vielerlei Schwierigkeiten hinweg im tatsächlichen Tun und Lassen anzuerkennen.

Offensichtlich bringen beide Fähigkeiten demjenigen, der sie beherrscht, einen Gewinn, was die Skepsis gegen Verzichte zu übersehen pflegt: Die betreffende Person, entweder eine natürliche Person, der einzelne Mensch, oder eine juristische Person wie ein Staat, nicht zuletzt die Staatengemeinschaft, reift zu dem heran, was man beim einzelnen Menschen eine Persönlichkeit nennt und im Bereich des Politischen eine von Gerechtigkeit und Zukunftsverantwortung geprägte Organisation, schließlich im globalen Maßstab eine für ihren Planeten und deren Zukunft verantwortungsbereite Menschheit.

Aus diesem Grund verdient, wer über beide Fähigkeiten verfügt, eine hohe Wertschätzung. Der, dem sich die nötige Klugheit und Widerstandsfähigkeit zur inneren Haltung verfestigt, gilt zu Recht als vorbildliche Person. Infolgedessen taucht hier eine für Selbstbeschränkungen charakteristische Schwierigkeit auf: Der Verzicht hat den Nachteil, nennen wir ihn seine «dunkle Seite», Opfer zu verlangen, die schmerzlich sein können. Daraus ergibt sich ein Problem, das sich als «Paradox» bezeichnen lässt: Eine ethisch oder politisch bedeutsame Selbstbeschränkung verbindet sich mit einer gewichtigen «dunklen Seite», insofern sie entweder «Unverzichtbares» betrifft oder etwas, das man nicht ohne Mühe oder Schmerz, Reue oder Bedauern unterlassen kann. Verzichten ist daher nicht nur eine hohe Kunst, sondern bedarf auch der Rechtfertigung.

Diese fängt schon mit der Einsicht in die Vorbildlichkeit der genannten Haltungen an. Im Umstand, dass man sich mittels Verzichte zu einer achtenswerten Persönlichkeit entwickelt, liegt ein Vorzug, der als die «helle Seite» des Verzichts einzuschätzen ist. Dieser beginnt vielleicht sogar eine sachliche Stufe früher, nicht erst bei einer Steigerung des Menschseins, sondern schon bei dessen Ermöglichung. Beide Optionen haben nun das genannte Paradox zur Folge:

Die negative, dunkle Seite des Verzichts erweckt den Anschein eines erheblichen Verlusts – und verlangt deshalb aus sich heraus eine positive, helle Seite, die eine höhere Form des

Menschseins in Aussicht stellt. Um auf Benthams doppelte Herrschaft zurückzukommen: Im Praktizieren des Verzichts entdeckt der Mensch eine Lust zweiter Stufe, die Lust nämlich, sich nicht ausschließlich der gewöhnlichen Lust zu unterwerfen. Statt Sklave des üblichen Lustverständnisses zu sein, entzieht er sich dessen Herrschaft und erarbeitet sich eine neuartige Herrschaft, die Herrschaft über die bisherige Herrschaft. Wie dies des Näheren geschieht, sucht dieser Essay themen- und facettenreich zu erkunden.

Da also eine genauere Betrachtung des Verzichts nicht nur auf eine dunkle, sondern auch auf eine helle Seite stößt, und da diese sich zudem als die bedeutsamere erweisen wird, stellt sich die Frage, warum dies bislang unbeachtet geblieben, zumindest unterschätzt worden ist. In der Antwort wird sich die Skepsis gegen den Verzicht in ihr Gegenteil verkehren: Nicht mehr der Verzicht, sondern sein vornehmlich schlechter Ruf erscheint als bedenklich.

Bekanntlich spielt der Verzicht teilweise bis heute noch in den Weltreligionen eine erhebliche Rolle. Diesen Sachverhalt kann man zwar mit dem Argument beiseiteschieben, mittlerweile lebten wir in jener weithin säkularen Gesellschaft, die die Religionen zwar toleriert, aber nicht mehr für gesellschaftspolitisch unverzichtbar hält. Obwohl das zutrifft, bleibt die Frage offen, warum selbst die Fachleute für Religion, die Theologen, das Thema meiden, ihm bestenfalls eine höchst geringe Bedeutung zubilligen. Dies ist umso erstaunlicher, als bei der denn doch anerkannten Verzichtsaufgabe, dem Umwelt-, Klima- und Artenschutz, die christlichen Kirchen einen Leitgedanken vertreten, die Bewahrung der Schöpfung, der, nimmt man ihn ernst, die Menschheit zu weitreichenden Verzichten auffordert. In den neueren Nachschlagewerken beider großen Konfessionen sucht man jedenfalls das Stichwort des Verzichts vergeblich. Selbst Umfeldausdrücke wie Askese und Fasten tauchen kaum noch auf.

Nun mag dieses Defizit für die außertheologische, weil

säkulare Welt belanglos sein. Wer die Philosophie- und Geistesgeschichte nur ein wenig kennt, weiß aber, dass die befürchtete Vermischung, die «Verunreinigung» mit Religion, keineswegs immer und überall stattgefunden hat. Im Gegenteil spielte der Verzicht in einem zweiten Diskussionsfeld, in rein säkularen Überlegungen der Philosophie, lange Zeit eine positive Rolle. Einen erstaunlichen Gewährsmann, Friedrich Nietzsche, werden wir noch erwähnen. Zunächst genüge der Hinweis auf zwei andere Philosophen, Kant und Hegel, die sich nicht scheuen, den heute meist übel beleumdeten Ausdruck zu verwenden. Von Verzicht sprechen sie zwar selten, überdies in einem für gegenwärtige Leser außergewöhnlichen, gleichwohl aktuellen Zusammenhang.

Im Gegengensatz zu jenen radikalen Moralskeptikern, die es damals wie heute gibt, sucht unser Weltbürger aus Königsberg, Kant, für einen der ihm wichtigsten Gegenstände, das Moralgesetz, die Wirklichkeit nachzuweisen. Ob man an das Verbot von Lüge und Betrug und an das Gebot der Hilfsbereitschaft denkt, der Inbegriff dieser uns allen bekannten und in der Regel von uns auch anerkannten Verbindlichkeiten, eben die Moral, ist keine Illusion, von der wir uns verabschieden müssen. Sie ist kein Wahn, dem die Menschheit törichterweise «seit ewigen Zeiten» erlegen ist und von dem uns eine Aufklärung endlich zu befreien hat. Die Moral ist vielmehr eine Realität, die sich laut Kant auch nachweisen lässt. Für diesen Nachweis, den er in der Tat erbringt, muss er jedoch «auf die apodiktische Gewißheit Verzicht tun» (*Kritik der praktischen Vernunft,* Akademie-Ausgabe Bd. V, S. 47). Wie bei einem so großen Denker zu erwarten, begründet Kant die «objektive Realität» des Moralgesetzes mit raffinierten Argumenten. Für sie beansprucht er aber nicht die jeden Widerspruch ausschließende, eben apodiktische Gewissheit. Denn unserem Philosophen zufolge lässt sich die Realität der Moral zwar nachweisen, aber nicht in Form einer objektiven Erkenntnis.

Der andere Philosoph, der aus der schwäbischen Hauptstadt Stuttgart stammende Hegel, behandelt eine weitere Verzichtsart. In der Vorrede zur *Phänomenologie des Geistes* spöttelt er über die Haltung der «Genügsamkeit, die auf die Wissenschaft Verzicht tut». Mit Nachdruck erhebt er für die Philosophie die Gegenforderung, die ohne Frage immer noch aktuell ist, dabei nicht nur von der Philosophie, sondern in allen öffentlichen Debatten anerkannt werden sollte (hier gestrafft): «Die Philosophie muss sich hüten, sich etwas vorzuschwärmen und erbaulich sein zu wollen» (Werke in 20 Bänden, Bd. 3, S. 17).

Auf heute angewandt sollte es in wissenschaftlichen und philosophischen Diskursen, überdies in öffentlichen Debatten letztlich nicht auf subjektive Vorlieben oder Abneigungen, insbesondere nicht auf ideologische Vorurteile ankommen. Selbst bei so umstrittenen Themen wie der Gentechnik, der Embryonenforschung und der künstlichen Intelligenz oder der Endlagerung von Atommüll, selbst bei der Frage, ob man noch Kohle abbauen und Atomkraftwerke weiter betreiben will, sollten am Ende weder vage Gefühle noch weltanschaulich starre Vorentscheidungen, sondern klare Begriffe, genaue Diagnosen und überzeugende Argumente das letzte Wort haben. Statt die Entscheidungen ziemlich willkürlich zu fällen, sollten die einschlägigen Themen «sine ira et studio», also leidenschaftslos erörtert werden – eine einzige Leidenschaft ausgenommen: unvoreingenommen, objektiv und sachlich vorzugehen.

Bei beiden Denkern, Kant und Hegel, taucht der Verzicht zwar wie angedeutet an prominenter Stelle, im Gesamtwerk aber nicht einmal als ein Nebenthema auf. In den einschlägigen Nachschlagewerken, dem dreibändigen Kant-Lexikon und dem Register zu «Hegels Werke in zwanzig Bänden», findet sich der Ausdruck nicht. Selbst im vielbändigen «Historischen», also der reichen Geschichte gewidmeten «Wörterbuch der Philosophie» mit seinen Tausenden und Abertausenden von Einträgen sucht man das Stichwort «Verzicht» vergeblich – obwohl es, wie angedeutet, in der Geschichte der Philosophie kein unerhebliches Thema war.

Diese Sachlage hat fraglos zum Bedeutungsverlust des Verzichts beigetragen. Um die Bedeutung wiederzugewinnen, stehen wir vor einer dreifachen Aufgabe: Der säkularen Gesellschaft empfiehlt sich, sowohl an die frühere außerreligiöse und außertheologische Bedeutung des Verzichts zu erinnern, als auch zu überlegen, warum er diese Bedeutung verloren hat, schließlich, ob der Versuch, die Bedeutung heute zu erneuern, sinnvoll ist.

Das Themenfeld, das sich dabei auftut, ist nicht bloß weitläufig. Dessen Teilthemen sind auch nicht so gleichartig, dass sich stets dieselben Anforderungen stellen. Daher werden ihnen auch nicht dieselben Arten des Verzichtens gerecht. Je nach Anforderungsprofil des Themas braucht es vielmehr ein anderes Grundmodell, insgesamt also eine Mehrzahl von Verzichtsmustern. In der Wissenschaft spricht man dann zwar lieber von Paradigmen. Einem Essay empfiehlt sich, bei den hinreichend treffenden Ausdrücken der Verzichtsmuster oder Verzichtsmodelle zu bleiben und sie in ihrer Unterschiedlichkeit zum Leitfaden zu wählen. Dass sich gelegentlich Gemeinsamkeiten zeigen, ist nicht auszuschließen.

Da es sich um Grundmodelle handeln wird, könnte sich im Vorübergehen noch etwas anderes zeigen: dass das Verzichten mit dem Menschsein zusammenhängt, daher über die Grenzen von Kulturen und Epochen hinweg gefordert ist. Diese anthropologische Gemeinsamkeit schließt aber nicht aus, dass die verschiedenen Modelle in einer gewissen Phase der Geistes- und Sozialgeschichte jeweils eine besondere Beachtung gefunden haben.

Um die Aufmerksamkeit für das vernachlässigte Themenfeld des Verzichtens zu wecken, beginnt dieser Essay mit einem Gegenstandsbereich, bei dem kaum jemand an Selbstbeschränkungen denkt, obwohl sie hier elementar und wesentlich sind: Ein erstes, fraglos für unser Leben unerlässliches Verzichtsmuster herrscht in der Kerngrammatik unseres Zusammenlebens, im Recht. Geistesgeschichtlich gesehen befasst sich die zuständige politische Philosophie mit diesem Thema vor allem zu Beginn der Neuzeit.

Auf dieses soziale Themenfeld folgt das persönliche und personale Leben. Ihm liegt ein andersartiges, auch heute noch wichtiges, aber insbesondere in der Antike, mithin vor dem Christentum entwickeltes, im christlichen Mittelalter jedoch fortwirkendes Verzichtsmodell zugrunde. Es ist das einer Tugendtheorie, deren bis heute aktuelle Tragweite man sich allerdings selten bewusst macht: Ohne jene tiefgreifenden Selbsteinschränkungen, die für Tugenden wie die Besonnenheit, die Tapferkeit und die Klugheit unabdingbar sind, wird dem einzelnen Menschen sein Menschsein nicht möglich.

Ein drittes Verzichtsmuster schließt sich daran beinahe nahtlos an. Es bündelt sich in drei «Prunkworten», die man am ehesten mit einer Religion, in unseren Landen also mit dem Christentum verbindet. Erstaunlicherweise ist es aber ein Kritiker der christlichen Moral, der schon erwähnte Friedrich Nietzsche, der dem Verzichtsmodell von Armut, Demut und Keuschheit mit der Einschätzung als Prunkworte einen quasiaristokratischen Rang verleiht. Die genannten drei Lebensziele ermöglichen, lernen wir bei Nietzsche, aber auch bei anderen Autoren, eine Steigerung des Menschseins.

Vor allem in einer dritten Phase der Geistesgeschichte, nämlich neuerdings, sind zwei weitere Verzichtsmuster gefragt. Dem einen kommt es auf die Bewältigung der jüngsten Krisen, etwa der Finanzkrise, der Flüchtlings- und der Energiekrise, an. Ohne das andere, unser fünftes und letztes Verzichtsmuster schließlich, lässt sich die wohl größte Menschheitsaufgabe unserer Zeit, eine Beendigung der geradezu maßlosen Überbeanspruchung der Natur, nicht bewältigen. Diese Aufgabe ist zwar längst erkannt und anerkannt. Trotz einiger hoffnungsweckender Ansätze ist sie aber noch nicht hinreichend wirksam in Angriff genommen. Müssen wir daher befürchten, die Aufgabe übersteige die Fähigkeit und Bereitschaft des Menschen? Droht also die manchmal beschworene Apokalypse: Ist unser Planet nicht mehr zu retten?

Im Rahmen dieser Erörterungen stellt sich der Essay der oben genannten dreifachen Aufgabe und äußert dazu schon hier, einleitend, eine Vermutung: Zu den Gründen für den Bedeutungsverlust könnte die dunkle Seite des Verzichts gehören, zumal immer dann, wenn sie das Übergewicht erhält. Für die Erneuerung des Verzichts hingegen müsste man eine helle Seite finden und von ihr zeigen, dass bei einem Abwägen mit der dunklen Seite, also bei einer Bilanz ihrer beider Bedeutung, die Pro-Argumente für den Verzicht sich als gewichtiger denn die Contra-Argumente erweisen.

Ein Pro-Argument drängt sich unter den heutigen Bedingungen der Menschheit so stark auf, dass es unverständlich, sogar erschreckend wäre, wenn man es verdrängen würde. Ich meine die angedeutete Hauptaufgabe der Gegenwart, den Raubbau an der Natur und das Überbeanspruchen der Umwelt, einschließlich der Atmosphäre, nicht zuletzt, was wir gern verdrängen, die Bevölkerungsexplosion endlich zu stoppen. Ohne Frage kann die Menschheit diese Verpflichtung nur mittels gewaltiger, geradezu gigantischer Verzichte bewältigen.

Denn wie anders als durch vielfältige tiefgreifende Selbstbeschränkungen lassen sich die im Folgenden exemplarisch genannten Aufgaben bewältigen: Um dem weltweit immer noch zunehmenden Bedarf an Energie, an Süßwasser und an Wohnraum Einhalt zu gebieten, ebenso um die immer noch wachsenden Abfallmengen zu begrenzen, nicht zuletzt um das Vergiften des Bodens, der Gewässer (einschließlich des Grundwassers) und der Luft sowie dem Artensterben ein Ende zu setzen, müssen die bisher in der Welt vorherrschenden Lebensweisen sich radikal und umfassend ändern.

Die einschlägigen Erörterungen dürfen sich nicht mit einer auf die eigene Welt beschränkten Betrachtung zufriedengeben. Denn ob wir wollen oder nicht – wir leben in einem Zeitalter der materiellen und geistigen Globalisierung. Darüber hinaus ist die vielerorts gepflegte moralisierende Gegenwartskritik zu vermeiden. Denn ein Blick in die Vergangenheit zeigt rasch, dass die Behauptung, die Zeitläufte seien schlechter geworden, in den verschiedensten Kulturen schon immer, geradezu zeitlos vertreten wird.

Die folgenden Überlegungen bezwecken in drei Hinsichten Aufklärung. Als erstes fragen sie nach dem anthropologischen Kern: Inwiefern hängen Verzichte und Selbstbeschränkungen mit dem Wesen des Menschen zusammen? Sodann werfen sie den leider ungewohnt gewordenen Blick in die Geschichte. Wer darauf verzichtet wie neuerdings Philipp Lepenies in seiner «Politik aus dem Geiste des Unterlassens» (*Verbot und Verzicht*, 2022), der verkleinert das Themenfeld und verkürzt die Ursachensuche. Um dem zu entgehen, will ich, selbstverständlich nur exemplarisch, schauen, was hinsichtlich des Verzichtens gleich geblieben ist und was sich verändert hat.

Schließlich geht es um den Sinn der Selbstbeschränkung und ihre Bedeutung unter den heutigen Lebensbedingungen. Dabei sind dominante Diagnosemuster zu überprüfen: Wie weit ist beispielsweise der nicht nur biblische Gedanke verantwortlich, der Mensch solle sich die Erde untertan machen? Wie weit ist einem Eurozentrismus die Schuld zu geben, wie weit dem Neoliberalismus mitsamt seiner Vorliebe für einen ungehemmten Kapitalismus? Wo also ist diesen weit verbreiteten Behauptungen zuzustimmen, wo stoßen sie an Grenzen?

Beiden Traditionen, sowohl der religiösen als auch der säkularen Tradition, ist eines gemeinsam: Sie betrachten die Verzichte vornehmlich vom persönlichen Leben aus. In dem wohl einzigen Gegenstandsbereich, in dem heute noch ohne Vorbehalte über Verzichte diskutiert wird, im Umwelt- und Klimaschutz, kommt es aber in erster Linie auf den kollektiven, letztlich globalen Standpunkt an. Tatsächlich gehören jedoch beide Betrachtungsweisen, der persönliche und der kollektive Standpunkt, zusammen.

Weil sie sich nicht nur ergänzen, sondern häufig auch ineinandergreifen, muss für unser Themenfeld die heute vielzitierte Schlusszeile von Rilkes Gedicht «Archäischer Torso» in beide Richtungen gelesen werden. Die Aufforderung: «Du musst dein Leben ändern» wird die drängenden Aufgaben die Menschheit nur dann bewältigen, wenn sowohl jeder einzelne und jede Gruppe als auch jeder Staat und schließlich die Staatengemeinschaft willens sind, ihr Leben zu ändern.

Aus diesem Grund kommt es meinem Essay auf beide Perspektiven an, auf die mehr persönliche und auf die mehr kollektive Betrachtung. Dabei entdecken wir ein erstaunlich reiches und vielseitiges Themenfeld. Keineswegs nur in gewissen Nischen gefordert, spielen Verzichte sowohl bei Grundfragen als auch im gewöhnlichen Alltag, nicht zuletzt in aktuellen Krisen eine so gewichtige Rolle, dass weder das häufige Verdrängen von Selbstbeschränkungen noch der schlechte Ruf zu verstehen ist. Die Alternative wird in dieser «kleinen Philosophie des Verzichts» versucht: der Entwurf einer hohen, einer humanen Kunst des Verzichtens.

Otfried Höffe

München, zum Jahresbeginn 2023

1.

Ein erstes Verzichtsmuster

Freiheitsverzichte um der Freiheit willen: Die Welt des Rechts

Wir beginnen mit einer Welt, die uns von Grund auf und umfassend bestimmt. Es ist die Welt des Rechts, die sich als die Kerngrammatik unseres Lebens und vor allem Zusammenlebens beschreiben lässt. Für sie ist jenes eigentümliche, uns selten hinreichend klare Muster von Verzichten charakteristisch, bei dem der einleitend genannte innere Übergang der dunklen in die helle Seite besonders deutlich zutage tritt: Im Recht verzichten die Menschen in elementarer Weise auf Freiheit, und zwar eben um dieser Freiheit willen.

Bevor wir uns mit diesen für Menschen unerlässlichen Form des Verzichtens befassen, werfen wir einen Blick auf das ursprüngliche, gegen den Unterschied von dunkler und heller Seite neutrale Grundverständnis des Begriffs. Es gehört freilich schon zur Welt des Rechts.

Ein neutrales Grundverständnis

Der wichtigste Grund für den verbreiteten Vorbehalt gegenüber Verzichten liegt in ihrer dunklen Seite: Verzichte sind unbeliebt und ungeliebt, weil sie weh tun und schmerzlich sind, mit einem Wort: weil sie Frustrationen schaffen. Eine Möglichkeit, diesen Vorbehalt zu überwinden, haben wir im Vorwort erwähnt: Man zeige, wie die negative Seite des Verzichts aus sich heraus eine positive Seite herausfordert, die in der Bilanz von Nachteil und Vorteil des Verzichts sogar als die gewichtigere Seite erscheint.

Allerdings gibt es ein noch überzeugenderes Argument. Es besteht im Nachweis, dass das Wehtun zum Wesen des Verzichts nicht notwendig gehört. Dann entfällt nämlich die dunkle Seite, was offensichtlich die Rehabilitierung des Verzichts erleichtert. In der Tat gibt es diesen von aller Frustration freien Begriff. Man muss ihn nicht einmal in entlegenen Bereichen suchen. Denn er trifft auf das ursprüngliche, für etliche Jahrhunderte geltende Verständnis zu.

Bis weit ins 18. Jahrhundert hat der Verzicht eine von aller negativen Bewertung freie, in normativer Hinsicht vollständig neutrale Bedeutung. Ihr zufolge kann der Verzicht weder einen schlechten noch einen guten Ruf haben, er ist reputationsindifferent. Denn früher bestand der Verzicht, belehrt uns der für die deutsche Wortgeschichte einschlägige Grimm (*Deutsches Wörterbuch*, Bd. 25, Sp. 2578 ff.), fast ausschließlich in einem förmlichen Willensakt, mit dem man einen Rechtsanspruch aufgibt.

Wie dieser Rechtsakt näher zu verstehen ist, erörtert das nächste Kapitel. Hier genügt der Hinweis, dass diese ältere, rechtssprachliche Bedeutung – der Verzicht als eine freie, frustrationsunabhängige Willenshandlung – in abgeschwächter Form bis heute fortbesteht: Von Verzichten sprechen wir nämlich auch dort, wo etwas, obwohl es im Bereich des Möglichen liegt, nicht getan wird, oder wo man sich mühelos damit abfindet, etwas Erwünschtes nicht zu erlangen oder zu verwirklichen. Wer einen Wunsch oder eine Absicht, wer ein Amt oder finanzielle Ansprüche, etwa ein Honorar oder seine Rente beziehungsweise Pension, aufgibt, verzichtet auf sie. Die Gründe dafür sind offensichtlich so vielfältig und so verschieden wie die Menschen mit ihren Interessen, Persönlichkeitsmerkmalen und ihrem sozialen und kulturellen Umfeld.

Es empfiehlt sich, dieses neutrale Grundverständnis nicht zu eng zu fassen. Dort, wo man zwar ein gewisses Opfer bringt, dies aber so selbstverständlich und ohne große Mühen vornimmt, erscheint das Beharren auf dem Phänomen der «dunklen Seite» als ein Rechthabenwollen, das der Sache des betreffenden Verzichts nicht gerecht wird. Dies dürfte beispielsweise auf Forderungen zutreffen, die jemand um eines höheren Zieles oder Wertes willen an sich stellt. Wer beispielsweise sportliche, künstlerische oder wissenschaftliche Spitzenleistungen erreichen will, ebenso wer lediglich seine Talente möglichst weit und vielfältig zu entwickeln sucht, der verzichtet um dieser Ziele willen in aller Freiheit auf viele der für andere Menschen üblichen Annehmlichkeiten. Insbesondere wer damit schon gemäß dem Sprichwort «Früh übt sich, wer ein Meister werden will» in der Kindheit und Jugend beginnt, kommt ohne viele Annehmlichkeiten aus, die für andere Personen üblich sind. Er empfindet das aber kaum als Verzicht vom Rang eines Opfers, das er für seine Ziele bringt.

Ähnliches dürfte auf eine Charaktereigenschaft zutreffen, die wir noch näher untersuchen werden, die Besonnenheit. Besonnen ist, wer sich nicht seinen jeweils vorherrschenden Bedürfnissen und Wünschen sklavenartig unterwirft, sie vielmehr so weit einschränkt, wie es für das eigene, aber nicht kurz-, sondern langfristige Wohl als erforderlich erscheint. Anfangs mag die Einschränkung noch gewisse Mühen bereiten. Erlebt man jedoch bei sich oder bei anderen, wie man mit einem Nichteinschränken sich selbst schadet, dann lässt man sich auf das Gegenteil, die Einschränkung, ein, wird nach einiger Zeit daran gewöhnt und erwirbt eine vorbildliche Charaktereigenschaft, eine Tugend. Wer sie, die Besonnenheit, einmal erworben hat, dem macht dann das dem «nachhaltigen» Eigenwohl dienende Verhalten keine Mühen. Es bereitet ihm viel eher eine innere Freude, weshalb von einer dunklen Seite keine Rede sein kann. Entsprechend, werden wir sehen, verhält es sich bei anderen Tugenden wie der Tapferkeit, der Freigebigkeit und der Gerechtigkeit.

Nicht so einfach sieht es dort aus, wo jemand Funktionen und Ämter aufgibt, obwohl sie ihm bislang Macht und Ansehen, oft auch finanzielle Vorteile gegeben haben. Zu seinem Bedauern, also nicht ohne Frustration, muss er jedoch feststellen, dass ihm die Menge der Aufgaben und die Fülle der Verantwortlichkeiten zu viel geworden, dass sie ihm sprichwörtlich «über den Kopf gewachsen» sind. Dann wirft er zwar freiwillig, aber doch ungern, in gewisser Weise sogar gezwungenermaßen Ballast ab. Wer jedoch über entsprechende Lebensklugheit verfügt – eine weitere Tugend, die wir kennen lernen werden –, der übernimmt von vornherein nicht mehr Aufgaben, als er, ohne sich zu schaden, bewältigen kann.

Das Muster für ein freiwilliges und doch erzwungenes Abwerfen von Ballast bietet ein Beispiel, das schon in der Antike erörtert wurde, sinngemäß aber auf heute leicht übertragen werden kann: Ein Kapitän wirft aus freien Stücken einen Teil seiner Ladung über Bord. Er tut dies aber nicht rein freiwillig, sondern weil er wegen eines extremen Sturms, eines Orkans, nur durch den Verzicht auf Ladung sein Schiff mitsamt Besatzung zu retten vermag. Hier erfolgt der Verzicht von außen erzwungen und doch freiwillig: Weil der Kapitän seine Besatzung, und allgemeiner: weil ein entsprechend Verantwortlicher das Menschenleben für weit wichtiger als materielle Güter hält, verzichtet er auf einen Teil der Güter, gegebenenfalls sogar auf sie alle, um dadurch weit höhere Güter, eben Menschenleben, zu retten.

Bekanntlich kann sich die Sachlage verschärfen. Wenn die

Situation es nötig macht, mehr als nur die Ladung, nämlich das Schiff selbst aufzugeben und die an Bord befindlichen Personen in die Rettungsboote zu befördern, dann pflegt man Kindern und Frauen den Vorrang zu lassen. Damit verzichten, freilich meist unausgesprochen, die Erwachsenen und unter ihnen die Männer auf ihre vorrangige Rettung. Dieser Verzicht setzt sich im Gebot fort, als erstes die Passagiere zu retten, und in dem weiteren Gebot, dass von der Besatzung der Kapitän das Schiff als letzter verlässt.

In derartigen Fällen darf man durchaus frustriert sein, da einem die materiellen Güter oder das eigene Leben nicht so gleichgültig sein müssen, dass man deren Verlust als unerheblich empfindet. Was man behält, erscheint aber als so entschieden wichtiger, dass die dunkle Seite verblasst: Wer Ballast abwirft, rettet das eigene Leben; wer hinsichtlich der Rettungsbote Kindern und Frauen den Vortritt lässt, behält seine Selbstachtung; und der Grundsatz «der Kapitän geht als letzter von Bord» erkennt das weite Aufgabenfeld an, das man mit dem bloßen Kapitänsein übernommen hat.

Vergessen wir nicht eine Extremform des freiwilligen und doch erzwungen Verzichts. Sie findet dort statt, wo ein Elternteil, klassischerweise die Mutter, sich für das Kind aufopfert. Dem kommen auch Bergretter oder Feuerwehrleute nahe, da sie ihre Aufgaben oft unter Lebensgefahr wahrnehmen. In all diesen Fällen hat jemand die Verantwortung für jemand anderen übernommen, die außer den jeweils nötigen Fähigkeiten die Bereitschaft einschließt, sich gegebenenfalls äußersten Gefahrensituationen, Gefahren auf Leib und Leben, auszusetzen.

Zur übernommenen Verantwortung gehört zwar nicht wie beim Kapitän die Bereitschaft, notfalls sein Leben zu gefährden. Weder als Mutter oder Vater noch als Bergretter oder Mitglied der Feuerwehr übernimmt man eine rechtlich einklagbare oder auch nur moralische Pflicht, sein Leben zu opfern. Bergretter und Feuerwehrleute wissen aber um ihr nicht selten extremes Berufsrisiko und lassen sich trotzdem darauf ein.

Und ein Elternteil lässt sich die Bereitschaft, sich für das Kind zu opfern, kaum ausreden. Die dunkle Seite verschwindet jedenfalls so weit im Hintergrund, dass man sie kaum noch oder gar nicht wahrnimmt.

Heroische Verzichte, bei denen jemand sein Leben opfert, bleiben zwar außergewöhnlich und sind doch sowohl aus der Geschichte als auch aus Literatur und Kunst bekannt. Für den Widerstand gegen den Nationalsozialismus, insbesondere gegen Adolf Hitler, sind beispielhaft bürgerliche und militärische Gruppen wie der «Kreisauer Kreis» und von Stauffenberg sowie die Geschwister Scholl zu erwähnen, für die kirchliche Seite Dietrich Bonhoeffer und der Jesuit Alfred Friedrich Delp, und auf kommunistischer Seite die Rote Kapelle.

Die berühmteste literarische Figur dürfte Antigone sein, die Titelheldin der gleichnamigen Tragödie von Sophokles, die sich König Kreon widersetzt. Ein weniger bekanntes Beispiel bietet die Oper von Richard Strauss *Die Frau ohne Schatten*, dessen Text von Hugo von Hofmannsthal stammt. Dort verzichtet die Kaiserin für das Wohl einer anderen Person, der Färberin, auf ihr eigenes Wohl. In dem Augenblick, in dem sie den Verzicht mit den Worten «Ich – will nicht» endgültig besiegelt, wird sie aber gewissermaßen erlöst, denn sie darf am Leben bleiben. Hier findet eine Person durch jene radikale Selbstüberwindung, die sogar das eigene Leben zu opfern bereit ist, zur wahren Menschlichkeit – und wird dafür nicht etwa erst im Jenseits, sondern schon im Diesseits belohnt.

Bekannter ist Friedrich Schillers Ballade «Die Bürgschaft». Dort ist der eine «Held», Damon, für den Freund sein Leben zu opfern bereit. Von diesem Zeichen grenzenlos treuer Freundschaft ist der Tyrann Dionys, den die Freunde töten wollten, so beeindruckt, dass er beiden das Leben schenkt. Wieder ist das Bekenntnis zu einem moralischen Wert, hier die keine Opfer scheuende Freundschaft, wichtiger als das, was viele Menschen für den unaufgebbaren Kern des Eigenwohls halten, das eigene Leben. Und erneut erhält man den

Lohn für die in diesem Verzicht zutage tretende wahre Menschlichkeit schon im Diesseits.

Gemäß dem Gedanken der dunklen und der hellen Seite ist mit zwei Hinsichten oder Stufen zu rechnen: Der Verzicht kann positiv, dann hilfreich oder notwendig, sein, er kann aber auch, was fraglos negativ ist, schädlich bis zerstörerisch ausfallen. Welche Hinsicht jeweils vorliegt, lässt sich nicht immer eindeutig sagen, da es oft auf mehrere, teilweise konkurrierende Gesichtspunkte ankommt:

Eine Mutter, die für ihr Kind sich opfert, hilft nur dadurch, dass sie ihr eigenes Leben aufgibt. So gesehen ist ihr Verzicht sowohl hilfreich als auch zerstörerisch. Für die Mutter stellt aber das bloße Leben keinen höchsten Wert dar, dem sie alle anderen Werte unterordnet. Ihr kommt es vielmehr auf ein gutes, verantwortungsvolles Leben an, so dass von ihrem Standpunkt der Verzicht keine dunkle Seite, recht eigentlich auch keine helle Seite hat. Ihrer eigenen Einschätzung nach gehört der Verzicht vielmehr zu jenem mit ihrem Muttersein verbundenen Verantwortlichkeiten, die unter besonderen Umständen den Verzicht aufs eigene Leben einfordern.

Rechtszustand: Elementarer Freiheitsverzicht

Das bis weit ins 18. Jahrhundert vorherrschende Grundverständnis von Verzicht ist nicht nur wegen seiner Neutralität gegen die Ambivalenz von heller und dunkler Seite erwähnenswert, sondern auch wegen des Bereichs, in dem seine Bedeutung besonders deutlich zutage tritt: dem Bereich des Rechts. Dessen Verzichtscharakter, wird sich zeigen, ist weder gering noch auf einen einzigen Aspekt begrenzt. Ein deshalb umfassenderer Blick auf die Formen rechtlicher Verzichte hilft, unseren Horizont zu erweitern und eine neue Sicht auf Selbstbeschränkungen zu gewinnen.

Naheliegend erscheint zunächst das Privatrecht. In rechtstheoretischer Hinsicht geht ihm aber ein für das Recht und dessen Verzichtscharakter wichtiger Gegenstandsbereich voraus: Um auf Rechtsansprüche verzichten zu können, muss es einen Rechtszustand geben, der wiederum ohne eine spezielle Art von Verzichten nicht zustande kommt. Um diesem Zustand eine mehr als nur provisorische Wirklichkeit zu gewähren, ist ein Zustand öffentlichen Rechts vonnöten, in der Moderne: der Staatszustand. Dieser Zustand steht im Gegensatz zu einem in der Neuzeit immer wieder geforderten Zustand, der auf jede Herrschaft verzichtet, dem Zustand der Herrschaftsfreiheit, als Fremdwort: dem der Anarchie, der Herrschaftslosigkeit. Verzichtet man jedoch auf den Herrschaftsverzicht und richtet ein staatliches Gemeinwesen ein, kommen zwei weitere Verzichtsarten hinzu: der Verzicht auf das Privatrecht jetzt nicht im thematischen, sondern geltungstheoretischen Sinn und der Verzicht auf Rache.

Das Privatrecht besteht im Wesentlichen aus zwei schon vorstaatlich geltenden Rechtsbereichen, den angeborenen Rechten wie der Menschenwürde und den Menschenrechten sowie den erworbenen Rechten wie Rechten an gewissen Eigentumstiteln. Damit all diese Rechte nicht nur vorläufig, provisorisch, sondern endgültig, peremptorisch, existieren, braucht es, wie gesagt, einen Rechtszustand. Dieser kommt allerdings nur durch einen elementaren Freiheitsverzicht zustande: den wohlbestimmten Verzicht auf Willkürfreiheit.

Die Philosophie begründet ihn mit dem Gedanken eines Zusammenlebens, in dem es keinerlei Verbindlichkeiten, weder Rechte noch Pflichten, gibt. Die Frage lautet dabei, ob dieser von allem Recht freie Zustand, Naturzustand genannt, für die Menschen, die in ihm leben, vernünftig ist. Die damit befasste Theorie des Gesellschaftsvertrages, kürzer: Vertragstheorie, besteht in einem Gedankenexperiment, das von neuzeitlichen Philosophen wie Thomas Hobbes, Baruch de Spinoza, John Locke und Jean-Jacques Rousseau – später Immanuel Kant, neuerdings John Rawls – entwickelt wurde.

Auf die Unterschiede zwischen deren Theorien, auch auf Feinheiten kommt es hier nicht an. Entscheidend ist, dass in einem vollständig rechtsfreien Zustand, eben dem Naturzustand, jeder Mensch nach Belieben agieren darf, dass er tun und lassen kann, was sein Wunsch und Wille ist. Weil diese umfassende und vollkommene Willkürfreiheit auf allen Seiten besteht, erscheint der Naturzustand zunächst als höchst wünschenswert: Die Menschen werden von außen durch niemanden eingeschränkt, worin die Vorstellung eines von Unterdrückung und Ausbeutung freien Zusammenlebens, das Wunschbild oder die Utopie der Herrschaftsfreiheit, anklingt. In sozialer Hinsicht, also ohne Berücksichtigung etwaiger Widrigkeiten der Natur, erleben die Menschen lediglich innere Grenzen, die Einschränkung durch eigene Fähigkeiten und Interessen.

Bei näherer Betrachtung entpuppt sich dieser Naturzustand jedoch als höchst unvorteilhaft: Das Wunschbild verkehrt sich in ein Schreckensbild. Denn etwas für den Menschen Wesentliches, ein gewisser Wunsch und Wille, kommt zu kurz. Wer beispielsweise arbeitet, will über das, was er sich erarbeitet hat, auch verfügen, ebenso wie derjenige, der etwas kauft, auch über das Gekaufte verfügen möchte. Genau das ist aber im Naturzustand gefährdet, und zwar nicht zufällig, sondern grundsätzlich. Weil dank der Willkürfreiheit jeder tun und lassen darf, was er will, kann oder darf er in den Lebensbereich seiner Mitmenschen eingreifen. In unseren Beispielen darf er dem anderen das vielleicht mühsam erarbeitete Gut oder das mit viel Geld Gekaufte wegnehmen: stehlen oder rauben.

Die Übergriffe können noch einschneidender sein. Die uneingeschränkte Willkürfreiheit lässt nämlich auch zu, dass man in Leib und Leben seiner Mitmenschen eingreift oder dass man deren Gebäude (Wohnungen, Sport- und Kulturstätten, Gotteshäuser) und Ackerland besetzt oder zerstört. Mangels jeder Einschränkung ist niemand vor der Willkür seiner Mitmenschen sicher.

Nun mag man einwenden, diese Überlegung sei zwar nicht

falsch, aber nur unter pessimistischen Annahmen richtig, also wirklichkeitsfremd. Denn warum soll man mit Übergriffen, zumal von dieser Eingriffstiefe rechnen? Der bedeutendste Rechts- und Staatsphilosoph der frühen Neuzeit, der Engländer Thomas Hobbes, bringt die Antwort Mitte des 17. Jahrhunderts auf den Punkt. In seinem Hauptwerk, dem *Leviathan,* in dessen Kapitel 13, schreibt er: «So liegen also in der menschlichen Natur drei hauptsächliche Konfliktursachen: Erstens Konkurrenz, zweitens Misstrauen, drittens Ruhmsucht. Die erste führt zu Übergriffen der Menschen des Gewinnes, die zweite der Sicherheit und die dritte des Ansehens wegen.»

Gemäß dieser fraglos einleuchtenden Diagnose hängt die Gefahr von Übergriffen nicht von der herrschenden Gesellschafts- und Wirtschaftsordnung, etwa dem Kapitalismus, ab. Von allen kulturellen Besonderheiten unabhängig, liegt sie vielmehr im Wesen des Menschen; sie hat anthropologische Gründe: Ohne Zweifel verursachen die vermutlich universell verbreiteten Leidenschaften wie die Habgier, die Ehrsucht – oder bescheidener: die Suche nach Anerkennung – und nicht zuletzt die Machtgier zahllose Konflikte. Sobald diese den Menschen als wichtig, vielleicht sogar als lebenswichtig *erscheinen* – ob sie es tatsächlich sind, ist hier nicht entscheidend –, wird aus einem andernfalls vielleicht nützlichen Wettbewerb ein gefährlicher bis tödlicher Streit.

Ebenso kulturunabhängig ist der Weg, auf dem man den Naturzustand, die nur vorgeblich wünschenswerte Art des Zusammenlebens, überwinden kann. Weil die skizzierte Gefahr im Wesen des Naturzustandes, in seiner vollkommenen Willkürfreiheit, liegt, gibt es keinen anderen Weg und Ausweg, als den Grund der erlaubten Übergriffe, die absolute Willkürfreiheit, aufzuheben. Alle Beteiligten müssen also auf das im Begriff der Willkürfreiheit enthaltene Übermaß an Freiheit verzichten und sich mit jenem Maß an Freiheit zufriedengeben, das die dann verbleibende Freiheit sichert. Man hat also nicht auf die Willkürfreiheit insgesamt zu verzichten, wohl aber auf ihre im Naturzustand vorherrschende Unbegrenztheit. Man darf durchaus Eigentum erwerben, Anerkennung suchen usw., dies aber nicht gewalttätig und unter Missachtung der analogen Rechte der Mitmenschen.

Im entsprechenden Zustand wird die Willkürfreiheit so weit, aber auch bloß so weit eingeschränkt, wie es für die Sicherung der verbleibenden Freiheit notwendig ist. Dieser Zustand heißt im Unterschied zum Naturzustand «Rechtszustand». Den dafür maßgeblichen Grundsatz hat Immanuel Kant knapp eineinhalb Jahrhunderte nach Hobbes' *Leviathan* auf eine bis heute gültige Weise formuliert. Im zuständigen Werk, der *Rechtslehre*, heißt es gegen Anfang, im Paragraphen B: «Das Recht ist also der Inbegriff der Bedingungen, unter denen die Willkür des einen mit der Willkür des andern nach einem allgemeinen Gesetze der Freiheit zusammen vereinigt werden kann.» Im Rechtszustand wird also die Freiheit zwar eingeschränkt, die Einschränkung aber nicht um ihrer selbst willen, sondern um der Freiheit willen vorgenommen. Hier tritt erneut das einleitend erwähnte Paradox zutage: Man verzichtet auf Freiheit, so die dunkle Seite, um der Freiheit, also der hellen Seite willen.

Privatrecht: Verzicht auf Rechtsansprüche

Beim Ausdruck des «Verzichts» herrschte im Deutschen lange eine privatrechtliche Bedeutung vor. Denn bis weit ins 18. Jahrhundert versteht man unter einem Verzicht vornehmlich jenes Aufgeben eines Rechtsanspruchs, das in einem förmlichen Willensakt vorgenommen wird. Mit diesem Verständnis ist die bisher eingeführte Verzichtsart, der Verzicht auf unbegrenzte Willkürfreiheit, nur zum Teil verwandt. Wie es sich mit dem nächsten, öffentlich-rechtlichen Verzicht und den weiteren noch zu behandelnden Arten verhält, werden wir später sehen. Hier halten wir das skizzierte Grundverständnis fest: Sieht man vom Inhalt, auch der näheren, förmlichen Gestalt, ab, so besteht der privatrechtliche Verzicht in einem Willensakt, mithin in einer bewussten und freiwilligen Handlung. Beispiele sind allseits bekannt. Privatrechtlichen Charakter haben der Erwerb und das Veräußern von Eigentum, generell der Kauf und Verkauf von Gütern, aber auch von Dienstleistungen, ferner das Mieten und Vermieten von Wohnungen und Gebäuden, das Eingehen einer Ehe und deren Scheidung, das Abfassen eines Testaments usw.

Offensichtlich hat die diesen Privatrechtsakten entsprechende Fähigkeit einen anthropologischen Rang. Denn selbst bei höheren Tieren, den Primaten, findet sie sich bestenfalls in Ansätzen, während der mehr als nur rudimentäre Verzicht nur dem Menschen offensteht. Die Fähigkeit und Bereitschaft zum bewussten und freiwilligen Aufgeben eines Rechtsanspruchs zeichnet lediglich unsere Gattung, den *homo sapiens*, aus, Kinder allerdings verfügen über sie nur potentiell. Erst ab einer bestimmten Entwicklungsstufe ist der Mensch eine zum Verzicht fähige und deswegen verantwortliche, mündige Person.

Verzicht auf Herrschaft?

Die in der Moderne gern gehegte Vorstellung, ein Zusammenleben ohne Herrschaft sei vernünftig, ist den Anfängen abendländischer Rechts- und Staatsphilosophie, der griechischen Antike, fremd. Der Grund liegt in einem anderen Gegenbegriff zur Herrschaft. Für die Moderne ist es häufig die Knechtschaft, also eine Herabwürdigung des Menschen, die es fraglos nicht geben soll. Sobald nun die Herrschaft für die Knechtschaft als verantwortlich gilt, darf es die Herrschaft nicht geben. Um die in der Knechtschaft enthaltene, sich selbst bloßstellende Unterwerfung, Unterdrückung und Ausbeutung abzuschaffen, muss man sich von dem, was als die Ursache gilt, eben der

Herrschaft, vollständig freimachen. Folgerichtig ist das Gegenteil, die Herrschaftsfreiheit, geboten.

Die Griechen hingegen denken bei der Herrschaft, der *archè,* an eine Leitung, die Führung und Ordnung zustande bringt. Deren Abschaffung, die An-archie, beläuft sich daher auf eine Führungslosigkeit, die ebenso wenig erstrebenswert ist wie ein Gemeinwesen ohne eine Regierung, wie ein Heer ohne einen Anführer und ein Schiff ohne einen Kapitän.

Dort, wo neuzeitliche Autoren sich für die Anarchie einsetzen, stellen sie sich auf den oben angedeuteten andersartigen Standpunkt. Dabei achten sie weniger auf die Führungslosigkeit als auf die erheblichen Folgelasten, insbesondere auf die Blutspur, die die Geschichte politischer Herrschaft durchzieht. Namentlich der irisch-britische Staatsphilosoph und Politiker Edmund Burke hebt sie ein Jahrhundert nach Hobbes' einschlägiger Schrift und ein halbes Jahrhundert nach Kants Text in der Abhandlung *A Vindication of Natural Society* (1756) hervor. Burkes wortmächtige «Verteidigung der natürlichen», nämlich herrschaftsfreien «Gesellschaft» beachtet vor allem die außenpolitische Seite und hat in dieser Hinsicht fraglos Recht:

In allzu vielen Erdteilen herrschen allzu häufig in der Geschichte Kriege mit dem Ziel vor, andere Gemeinwesen zu unterwerfen und deren Bürger wenn nicht zu töten, dann mindestens zu unterdrücken. Mehr als zwei Jahrhunderte später pflichte Theodor W. Adorno dem in seiner «Diskussionsbemerkung zu R. Dahrendorf» bei: Die Herrschaft, behauptet er, trage immer das «Moment des Furchtbaren» und die «Tendenz zur Totalität» in sich, so dass gegenüber dem «Potential des absoluten Grauens» die guten Seiten, die die Herrschaft «sicherlich zuzeiten gehabt» habe, nicht ins Gewicht fallen könnten (S. 103 f.).

Ein wirklich und streng herrschaftsfreies Zusammenleben hat freilich einen hohen Preis, den die Menschheit, nimmt man die gesellschaftliche Wirklichkeit zum Beleg, nicht zu zahlen bereit ist. Gewiss, die Menschen haben immer wieder und fraglos zu Recht gegen überflüssige Formen von Macht, Zwang und Autorität gekämpft. Trotzdem haben sie so gut wie immer irgendeine rechts- und staatsförmige Zwangsmacht, also eine politische Herrschaft, anerkannt. Das trifft selbst auf das angebliche Gegenphänomen, auf Stammesgesellschaften, zu, die unter Verzicht auf eine übergeordnete Autorität alle anfallenden Entscheidungen im Gespräch, in einem Diskurs, zu treffen suchen. Da sie ohne einen Häuptling auskommen, bezeichnen Kulturanthropologen sie als akephale Gesellschaft. *Kephal* heißt: auf den Kopf, das Haupt bezogen, was durch die Vorsilbe *a* verneint wird. *Akephal* ist eine Gesellschaft, die ohne ein politisches Haupt, eben einen Häuptling auskommt.

Tatsächlich gibt es aber selbst in den gemeinten Stammesgesellschaften gewisse Personen, die sich aufgrund besonderer Fähigkeiten und ökonomischen, militärischen oder medizinischen Leistungen eine gewisse Autorität erworben haben. Im Übrigen handelt es sich bei den – angeblich – akephalen Stammesgesellschaften um Ausnahmeformen, die sich eine moderne Gesellschaft schon wegen ihrer enormen Größe, ihrer inhomogenen Bevölkerung und wegen der weit komplexer gewordenen Entscheidungsaufgaben kaum zum Vorbild nehmen kann.

Kehren wir zum Wunschbild der Herrschaftsfreiheit zurück: Um die von Herrschaft fraglos drohenden Gefahren zu begrenzen, hat die Menschheit im Laufe der Jahrhunderte recht erfolgreiche Mittel und Wege gefunden. Zu den einschlägigen Instrumenten gehört die Bindung der Herrschaft respektive ihre Übertragung an nichtprivate, öffentliche Gewalten. Ferner wird deren Amtsführung an klare Vorgaben, namentlich Regeln, gebunden. Weiterhin kommt es auf die Herkunft aller politischen Gewalt von den Betroffenen an, die zusammen mit deren Verpflichtung auf Grund- und Menschenrechte und auf die Teilung der öffentlichen Gewalten sich auf den modernen demokratischen Rechts- und Verfassungsstaat beläuft. Nicht zuletzt ist für die Einhegung politischer Herrschaft hilfreich und wichtig jene Einschränkung ihres Zuständigkeitsbereichs, die eine selbstbewusste Bürgergesellschaft und eine gegen allen Machtmissbrauch wachsame Öffentlichkeit vornimmt. Im Zusammenhang all diese Elementen wird der oben erörterte Verzicht auf unbegrenzte Willkürfreiheit sichtbar und wirksam.

Öffentliches Recht: Verzicht auf Privatlegislative, Privatexekutive und Privatjustiz

Das Privatrecht hat eine doppelte, eine inhaltliche und eine geltungstheoretische Bedeutung. In inhaltlicher Hinsicht bezeichnet es einen der beiden großen Rechtsbereiche, das Privatrecht im Unterschied zum öffentlichen Recht. Als Eigentums- und als Vertragsrecht, als Inbegriff von Verbindlichkeiten hinsichtlich Kauf und Verkauf, von Mieten und Vermieten, vom Schließen einer Ehe und deren Scheidung, vom Aufsetzen eines Testaments usw., regelt es die Rechtsbeziehungen einzelner Personen untereinander und hält dabei die – teils natürlichen, teils juristischen – Personen für grundsätzlich gleichberechtigt. Das öffentliche Recht hingegen, innerstaatlich etwa das Verfassungsrecht und das Strafrecht, ist für die Beziehungen der öffentlichen Gewalten untereinander und zu den Privatrechtssubjekten zuständig.

In einer zweiten, jetzt geltungstheoretischen Bedeutung besteht das Privatrecht aus jenen Sozialbeziehungen, die vor der Einsetzung öffentlicher Gewalten, also im Naturzustand, schon Rechtscharakter haben. Gemäß der philosophischen Begründung von Recht umfasst es, nimmt man Kants *Rechtslehre* zum Vorbild, die schon angedeuteten zwei Bereiche: Das «angeborene Recht», das «innere Mein und Dein», entspricht den Gedanken der Menschenwürde und der Menschenrechte, während es beim «äußeren Mein und Dein» für das Eigentums- und Vertragsrecht verantwortlich ist.

Im vorstaatlichen Rechtszustand, im Naturzustand, herrschen allerdings noch Unsicherheiten, die den Kern und mit ihm die Wirklichkeit des Rechts infrage stellen: Man kann nie sicher sein, ob das, was zum eigenen inneren und äußeren Mein und Dein gehört, von den Mitmenschen auch anerkannt wird. Insofern gilt das Recht erst provisorisch, vorläufig, noch nicht auf Dauer, peremptorisch. Um den provisorischen Charakter zu überwinden und den einschlägigen Regeln zum Rechtscharakter im vollen Sinn zu verhelfen, braucht das thematische Privatrecht, das Eigentums- und Vertragsrecht, drei Dinge, die das geltungstheoretische Privatrecht, das des Naturzustandes, nicht beibringen kann:

Die Regeln bedürfen einer näheren Bestimmung; die näher bestimmten Regeln müssen durchgesetzt werden; und in Streitfällen ist eine rechtsverbindliche Entscheidung zu treffen. Für jede dieser Aufgaben ist bekanntlich eine ihrem Wesen nach nichtprivate, folglich öffentliche Gewalt vonnöten: für die näheren Bestimmungen die Gesetzgebung, die Legislative, für die Durchsetzung die ausübende Gewalt, die Exekutive, und für die autoritative Streitschlichtung das Gerichtswesen, die Justiz.

Um die drei öffentlichen Gewalten einzurichten, braucht es wieder Verzichte, erneut Rechtsverzichte, jetzt aber einer außergewöhnlichen Art. Die Rechtsgenossen verzichten auf die im Naturzustand geltende dreifache Befugnis: auf das Recht, die näheren Bestimmungen nach eigenem Dafürhalten selbst vorzunehmen, diese Bestimmungen nach eigenem Wunsch und Willen selbst durchzusetzen und über Streitfälle selbst zu entscheiden. In allen drei Hinsichten verzichten sie also auf das Privatrecht im geltungstheoretischen Sinn und heben zusammen den Naturzustand auf.

Offensichtlich begründet dieser dreiteilige Verzicht den (öffentlichen) Rechtszustand, den uns vertrauten Staat mit seinen drei öffentlichen Gewalten. Der Verzicht hat aber noch eine größere, wenig beachtete Tragweite: Er fordert den Staat und jede seiner drei öffentlichen Gewalten zu einem bescheidenen Selbstverständnis auf. Weder der Staat noch seine drei Gewalten, die Legislative, die Exekutive und die Justiz, bestehen von Gottes oder aus eigenen Gnaden. Sie verdanken sich vielmehr den Rechtsgenossen, den Betroffenen, müssen ihnen dienen und sich vor ihnen rechtfertigen. In dieser dreifachen Hinsicht, dass alle Staatsgewalt vom Volk, für das Volk und durch das Volk besteht, liegt das Wesen einer Demokratie.

Die politische Philosophie spricht hier von einem Gesellschaftsvertrag. Ihn versteht sie freilich nicht als ein geschichtliches Ereignis, das vor langer Zeit stattgefunden hat und eventuell die heutigen Verhältnisse rechtfertigt. Gemeint ist vielmehr ein Gedankenexperiment: Um zu begreifen, auf welchem Weg allein die im Naturzustand gegebenen Unsicherheiten von Grund auf, von ihrer Wurzel her, überwunden werden können, empfiehlt sie, einen von allen Betroffenen gemeinsam vorgenommenen Verzicht anzunehmen. Nach der Vorstellung des Gesellschaftsvertrages gründet ein legitimes Gemeinwesen demnach in einem dreifachen Verzicht: Die Rechtsgenossen geben ihre dreifache Privatbefugnis auf und übertragen sie, ihre Privatlegislative, ihre Privatexekutive und ihre Privatjustiz, auf die schlechthin gemeinsamen, insofern nicht mehr privaten, sondern öffentlichen Autoritäten – auf die öffentliche Legislative, die öffentliche Exekutive und die öffentliche Justiz.

Im Gesellschaftsvertrag werden die öffentlichen Autoritäten aber nicht zu einem willkürlichen Tun und Lassen berechtigt. Sie sind vielmehr auf die im Prinzip schon vorstaatlich geltenden Rechtsregeln, auf das Privatrecht im geltungstheoretischen Sinn, verpflichtet und dürfen nur deren Unsicherheiten überwinden. Erlaubt ist ihnen lediglich: in der Gesetzgebung den zuvor vagen Regeln hinsichtlich der angeborenen Menschenrechte und der erworbenen Eigentumsrechte zu näheren Bestimmungen zu verhelfen, mittels Regierung und Verwaltung die näheren Bestimmungen durchzusetzen und im Gerichtswesen über Streitfälle unparteiisch zu entscheiden.

Strafrecht: Verzicht auf Rache und Verzicht auf das Talionsprinzip

Das einschneidendste Mittel, mit dem der Staat in das Leben seiner Bürger eingreift, ist die (hier stets: staatliche) Strafe. Gelegentlich versteht man sie als eine Form von Rache, in Wahrheit verzichtet sie darauf. Wie die Rache so antwortet zwar auch die Strafe auf ein Unrecht, aber nicht auf ein selbst erlittenes Unrecht. Zudem folgt die Strafe auf eine objektive Normverletzung, die Rache hingegen auf ein subjektiv als Unrecht empfundenes Tun und Lassen.

In der Frühzeit des Rechtsdenkens sind die beiden Begriffe zwar noch nicht trennscharf voneinander verschieden. So bedeutet der bei den archaischen Griechen einschlägige Ausdruck *timoria* sowohl Hilfe und Beistand als auch Strafe, Rache und Züchtigung. Schon einer der ersten abendländischen Rechts- und Staatsphilosophen, Aristoteles, trifft aber, und zwar im zehnten Kapitel seiner *Rhetorik* (1369b12-14), eine im Wesentlichen bis heute zutreffende Unterscheidung.

Ich führe sie im Folgenden mit eigenen Überlegungen weiter: Die Rache *(timoria)* dient dem, der sie ausübt, und zielt auf dessen Genugtuung ab. Hier entscheidet also sowohl über die Berechtigung einer Rache als auch die Art und Weise, wie sie ausgeübt wird, derjenige, der sich von einem Unrecht betroffen fühlt. Eine Strafe *(kolasis)* dagegen ist nur bei einem objektiv festzustellenden Rechtsbruch berechtigt. Über die Frage, ob dies der Fall ist, entscheidet eine gegenüber dem Unrechttuenden unabhängige Instanz, die ebenso die Art und das Maß der Strafe festlegt. Ob man in diesen Zusammenhängen von Nutzen sprechen mag, sei dahingestellt. Entscheidend ist der unterschiedliche Adressat: Die Strafe soll der Rechtsgemeinschaft und dem Bestraften, die Rache hingegen dem Rächenden nützen beziehungsweise dienen.

Dieser Unterschied ist wesentlich: Die Rache wird vom Betroffenen oder dessen sozialem Umfeld, also der Familie oder der Sippe beziehungsweise dem Klan, ausgeübt. Ob als Individuum oder als Gruppe – der Ausführende ist ein privates Subjekt, das über alle einschlägigen Fragen selbst, privat, entscheidet. Dabei ist er im Prinzip an keine nichtsubjektiven, sondern objektiven Maßstäbe gebunden. Ohne einer äußeren Kontrolle unterworfen zu sein, entscheidet er allein über die einschlägigen Fragen: Liegt überhaupt ein Unrecht vor? Wenn ja, welches Unrecht welcher Schwere? Welche Antwort soll das Unrecht erhalten? Schließlich: Gibt es dafür sie ein Maß und eine Begrenzung? Auf all diese Fragen gibt die Rache eine rein subjektive Antwort, weshalb ihr der Hang zur Grausamkeit nicht fremd ist.

In einer für säkulare Gesellschaften zwar nicht mehr autoritativen, aber auch noch nicht belanglos gewordenen Schrift, der Bibel, erscheint das Wort Rache in einer für moderne Ohren befremdlichen Weise. Gott tritt dort nämlich als Rächer auf. Dazu eine Bemerkung in Klammern: Nach der zuständigen hebräischen Wurzel *nqm* soll eine verloren gegangene Ordnung, das Heilsein, einer Gemeinschaft, hier des auserwählten Volkes, wiederhergestellt werden. Mit der zur subjektiven Willkür, überdies zur Grausamkeit neigenden Rache hat das kaum etwas zu tun.

Richtig ist allerdings auch dies: Überall dort, wo es – noch – keine hinreichend gefestigte öffentliche Rechtsordnung gibt, kennt eine Gemeinschaft oder Gesellschaft kein anderes Mittel, um einem Unrecht zu begegnen, als die Rache. Unter dieser Bedingung gilt die Rache nicht nur als ein Recht, sondern sogar als (heilige) Pflicht des Betroffenen oder seiner Familie beziehungsweise Sippe. Ihr ist in aller Strenge geboten, das Unrecht wiedergutzumachen, was ihr nur in Form der

Rache möglich ist. Insofern hat man die Rache, statt sie pauschal als inhuman zu schmähen, unter der angedeuteten Bedingung als notwendige Grund- und Urform des Rechts- und Strafrechts einzuschätzen.

Selbst die Pflicht der Blutsverwandten, einen getöteten Sippenangehörigen an dem Mörder oder an einem Mitglied seiner Sippe zu rächen, also Blutrache zu üben, wird dabei verständlich. Ohnehin setzt sich selbst in archaischen Gesellschaften nach einiger Zeit die Einsicht durch, dass die Blutrache zu immer wieder neuen Morden führen kann, was das allen Seiten gemeinsame Interesse, ein gedeihliches Zusammenleben, aufs Spiel setzt. Um das zu verhindern, entsteht der Gedanke des Ausgleichs, dem ein Moment von Verzicht zugrunde liegt: Einem Totschlag oder Mord begegnet man nicht mehr mit einer erneuten Tötungshandlung. Man lässt die Untat aber auch nicht ungesühnt, sondern gleicht sie, unter Verzicht auf wahre Blutrache, durch eine gewisse Geldsumme aus.

Es versteht sich, dass längst gefestigte Rechtsordnungen wie unsere konstitutionellen Demokratien oder, wie bei Rechtsstaaten mit Königshäusern, die Quasi-Demokratien keinem Einwanderer oder Zuwanderer das Recht zugestehen, die (angeblich) in ihrem Herkunftsland herrschende Pflicht zur Blutrache hierzulande vorzunehmen. Umso mehr verbieten sie, (angebliche) Ehrverletzungen mit einem Tötungsdelikt zu beantworten – und zynischerweise die Aufgabe des Tötens einer derart jungen Person zu übertragen, dass sie mangels Strafmündigkeit unbestraft davonkommt.

Kehren wir zum begrifflichen Unterschied von Rache und Strafe zurück: Anders als die Rache wird die Strafe nicht von Privatpersonen, sondern von einer öffentlich autorisierten Instanz, dem Strafgericht, ausgeübt. Damit gibt sie alle bedenklichen Elemente der Rache auf, so dass die Strafe ihrem Wesen nach im vollständigen Verzicht auf Rache besteht: Die Strafe löst die zur maßlosen Willkür neigende Leidenschaft der Rachbegierde durch einen von aller Willkür und Maßlosigkeit freien Rechtsakt ab. Dabei wird alle Leidenschaft überwunden – außer der Leidenschaft der Leidenschaftslosigkeit. (Dass auch Strafrichter Menschen sind und sie deshalb das Ideal der Leidenschaftslosigkeit nicht immer vollständig verwirklichen, sei zugestanden, ist aber kein grundsätzlicher Einwand, zumal gegen Strafurteile Einspruch erhoben werden kann, was die Gefahr der Parteilichkeit erheblich mindert. Überdies können Richter, wenn Befangenheit droht, abgelehnt werden, weshalb dann selbst ein Hauch persönlicher Rache entfällt.)

Die Strafe lässt zwar das Unrecht nicht ungesühnt. An die Stelle der Rache tritt jedoch die Vergeltung. Diese antwortet nicht auf irgendein, eventuell nur vermeintliches Unrecht, sondern lediglich auf die Verletzung einer vorgegebenen Rechtsregel: Die Strafe antwortet auf einen objektiven Rechtsbruch. Der Grund: Bei dem, der ihn begeht, sieht sie die Anmaßung einer Ausnahmestellung gegenüber den Mitbürgern gegeben, was einen Ausgleich mittels der Strafe erfordere. Nach dem für den Strafbegriff entscheidenden Element der Vergeltung darf also nur der Rechtsbrecher, niemand sonst bestraft werden, überdies nur der zurechnungsfähige Rechtsbrecher, und dieser bloß dann, wenn er tatsächlich zurechnungsfähig ist. Auf keinen Fall dürfen Unschuldige bestraft werden, selbst dann nicht, wenn dadurch ein größeres Unheil für die Gesellschaft verhindert wird.

Aus diesem Grund, auf keinen Fall einen Unschuldigen zu strafen, gilt im Strafrecht seit langem der Grundsatz: «in dubio pro reo», «im Zweifel für den Angeklagten». Im strafrechtlichen Zwischen- oder Ermittlungsverfahren kommt er zwar noch nicht zur Geltung. Im Hauptverfahren hingegen muss das Gericht «nach Würdigung des Beweismaterials» von der Schuld des Angeklagten zweifelsfrei überzeugt sein. Solange nicht alle relevanten Umstände über jeden Zweifel hinaus geklärt sind, muss das Gericht auf einen Schuldspruch verzichten. Solange noch ein Restzweifel an der Schuld besteht, darf es niemanden verurteilen.

Zum Verzichtselement der Strafe gehört auch die Bestimmung des Strafmaßes. Sie verlangt, ohne Ansehen der Person gleiche Taten gleich und ungleiche Taten nach Maßgabe der Schwere des Rechtsbruchs zu bestrafen.

Der allein legitime Kernbegriff der Strafe, die Vergeltung eines Rechtsbruchs, schließt freilich weitere Gesichtspunkte für ein legitimes Strafrecht nicht aus. Er heißt sie im Gegenteil willkommen. Sie dürfen aber den Vergeltungsgedanken weder außer Kraft setzen noch ihn abmildern: Vorausgesetzt, dass die Strafe als Antwort auf einen zurechnungsfähigen Rechtsbruch erfolgt und insofern Vergeltungscharakter hat, dürfen die im Strafgesetz enthaltenen Strafandrohungen potentielle Rechtsbrecher abschrecken und sie stattdessen zur Rechtstreue motivieren. Diese Art von Abschreckung soll sogar mitbeabsichtigt werden.

Dasselbe gilt für den Gedanken der Wiedereingliederung oder Resozialisierung. Ihm zufolge soll der Strafvollzug die Rückkehr des Straffälligen in die Gesellschaft erleichtern. In diesem erzieherischen Sinn hießen die Strafvollzugsanstalten, die Gefängnisse, früher Zucht-häuser. Der Gedanke der Wiedereingliederung darf aber aus zwei Gründen nicht an die Stelle der Vergeltung treten. Zum einen würde sie das Verhindern von Rückfalltaten für wichtiger als das von einmaligen Erstverbrechen halten. Zum anderen würden die Täter nicht nach Schwere ihres Rechtsbruchs, sondern nach dem Maß ihrer Erziehungsbedürftigkeit bestraft. Auch extrem kriminelle Einmaltäter wie Personen, die in einer vermutlich einmaligen Affekthandlung jemanden töten, dürften dann mit geringeren Strafen rechnen als relativ harmlose Hangtäter wie Kleptomane.

Eine eigene Kurzüberlegung verdient das berüchtigte, aus der Bibel bekannte Talionsprinzip. Ihm zufolge sei zwischen dem Schaden, der einem Opfer zugefügt wurde, und dem Schaden, den der Täter erhalten soll, ein Gleichgewicht anzustreben. Der textliche Zusammenhang in der Bibel ordnet das

Talionsprinzip jedoch nicht der Rache, sondern eindeutig dem Strafen zu. Denn es wird nicht von den vom Unrecht Betroffenen, sondern von den davon unabhängigen Richtern als Grundsatz angewandt.

Sinnvollerweise versteht man das Talionsprinzip jedenfalls als einen – freilich noch der Verbesserung bedürftigen – Vorläufer des Vergeltungsdenkens: Die Strafe darf nicht maßlos erfolgen, sondern muss sich nach der Schwere des Verbrechens richten. Und seit für diese Aufgabe das Gerichtswesen zuständig ist, findet in der Strafe ein weiterer Verzicht statt, nämlich zusätzlich zum Verzicht auf Rache der Verzicht auf ein privatrechtliches Verständnis: Die Strafe hat keine Schäden auszugleichen, sondern ein Unrecht, das begangen wurde, in einer öffentlich-rechtlichen Form zu vergelten.

Rechtsexterne Verzichte auf Rache

Wegen seiner weiten Verbreitung kann die Rache als ein allgemeinmenschliches Phänomen angesehen werden, das weder an eine Kultur oder Epoche noch an rechtliche oder rechtsähnliche Zusammenhänge gebunden ist. Auf Rache zu sinnen oder gar nach Rache zu dürsten, kommt nicht nur in blutrünstigen Zeiten und unter grausamen Völkern, sondern so gut wie überall und jederzeit vor.

Weil Leidenschaften, oft auch große Leidenschaften, im Spiel sind, finden sie vor allem auf der Theaterbühne einen geeigneten Ort der Präsentation. Aber schon in alltäglicheren Situationen gieren Menschen beispielsweise dann nach Rache, wenn sie sich geschädigt, beleidigt oder gedemütigt fühlen. Oft genug reicht schon der Eindruck aus, unfair behandelt zu werden.

Es fällt auf, dass unter den literarisch bekannten Personen, die Rache üben, etliche Frauen zu finden sind. Warum auch sollten sie leidenschaftslose Wesen sein, die selbst bei tiefen

Demütigungen auf die ihrer Ansicht nach einzig angemessene Antwort verzichten? Ein in der Weltliteratur viel behandeltes Beispiel bietet aus der griechischen Argonautensage Medea, die zauberkundige Tochter eines am Schwarzen Meer residierenden Königs. Sie wird von ihrem Mann, Jason, dem zuliebe sie das Heiligtum ihres Volkes gestohlen hatte, verraten, wofür sie sich grausam rächt, nämlich ihre beiden Kinder tötet.

Ein anderes Beispiel bietet das mittelhochdeutsche Nibelungenlied. In ihm sucht die Hauptgestalt, Krimhild, für den Mord an ihrem Gatten Siegfried Rache, der nicht nur der Mörder, Hagen, sondern dessen ganze Sippe zum Opfer fällt. In Friedrich Schillers Trauerspiel *Maria Stuart* findet die Titelfigur bei der Rache, die ihr gegen die Gegenspielerin, Königin Elisabeth I., gelingt, sogar «Triumph» (3. Akt, 5. Aufzug). Ähnlich ergeht es in Richard Wagners Oper *Lohengrin* Ortrud: Die ihrer Ansicht nach um die Königinwürde betrogene Frau sinnt auf Rache und ist ungemein froh, als sie ihr gelingt.

«Natürlich» ist die Rache kein Privileg von Frauen, sondern eine allgemeinmenschlich verbreitete Handlungsweise, mit der man eine als persönliches Unrecht empfundene Tat zu sühnen sucht. Zwei «männliche Gegenbeispiele» von zahllosen weiteren sollen hier genügen. In der wohl berühmtesten Rachetragödie, in Shakespeares *Hamlet*, soll der Titelheld den von seinem Onkel begangenen Mord an seinem Vater rächen. Und in Schillers «Dramatischem Gedicht», in *Don Carlos*, dessen 3. Akt, 10. Auftritt, wird dem König berichtet, dass einer seiner spanischen Granden, Herzog Alba, also erneut ein Mann, «Rache brütet».

Auf Rache zu verzichten, obwohl sie doch so menschlich ist, gebietet häufig schon die Klugheit. Denn der Aufwand kann unverhältnismäßig groß sein, pflegt überdies eine Gegenrache als Folge zu haben, woraus sich «eine unendliche Geschichte» ergibt. Wenn diese am Ende dem Geschädigten weiteren Schaden zufügt, liegt es schon in dessen Selbstinteresse, auf Rache zu verzichten. Auch aus diesem Grund empfiehlt sich, der Redensart zu folgen: «Der Klügere gibt nach.» Oder man verzichtet darauf, was oft noch klüger ist, gewisse Worte überhaupt als Beleidigungen wahrzunehmen.

Eine Moral der Menschenliebe geht freilich entschieden weiter. Sie verzichtet nicht erst aus Klugheitsgründen auf Rache, sondern grundsätzlich. Es ist allerdings nicht die gewöhnliche, «menschliche» Moral, eine Moral der Wechselseitigkeit, die so etwas verlangt, sondern eine beinahe übermenschliche Moral, wie sie vor allem mancher Religionsstifter fordert. Aus dem Neuen Testament, dessen Bergpredigt nach dem Evangelisten Matthäus (Kap. 5, Vers 38 f.), ist Jesu Gebot berühmt: «Ihr habt gehört, dass den Alten gesagt ist: ‹Auge um Auge, Zahn um Zahn›. Ich aber sage euch: Widersetzt euch nicht dem, der euch Böses antut, sondern wenn dich einer auf die rechte Wange schlägt, dann halt ihm auch die andre hin.»

Viele Menschen halten diese Haltung für weltfremd, weil sie von den uns bekannten Menschen in der realen Welt unmöglich zu verwirklichen sei. Vielleicht lehnen sie es sogar grundsätzlich ab, da darin eine Selbstverbiegung, mithin ein nicht zu rechtfertigender Verzicht auf Selbstachtung liege. Die Verteidiger dieser Haltung halten sie dagegen für eine Steigerung von Humanität.

Der großmütige Verzicht auf Rache kann dem Betreffenden allerdings gefährlich werden: In der schon erwähnten Wagner-Oper *Lohengrin* verzichtet der Titelheld auf sein Recht, den Verleumder von Elsa, Friedrich von Telramund, nachdem er ihn in einem zum Gottesurteil erklärten Zweikampf besiegt hat, zu töten. Von seiner schon erwähnten machtgierigen Gemahlin Ortrud angestachelt, verführt er Elsa, das Lohengrin gegebene Versprechen zu brechen. In Folge bricht Elsa tot zusammen und ihr frisch angetrauter Ehemann, eben Lohengrin, entschwindet.

Unsere unter anderem auf Horizonterweiterung bedachte

Theorie des Verzichts erkennt beide Arten an, sowohl den auf Klugheitsgründe begrenzten Verzicht auf Rache als auch jenen moralisch höherrangigen, aber nicht immer nachhaltig klügeren Verzicht, der die Rache für stets und überall verbietet.

Erstes Zwischenspiel

Der säkulare Charakter im biblischen Dekalog

Die westlichen Gesellschaften pflegen einen Moralkodex für allgemein verbindlich zu erklären, dem eine eigene Art von Verzichten zugrunde liegt. Dessen weit verbreitete Anerkennung ist erstaunlich, da die westlichen Gesellschaften zwar in einem hohen Maß säkular, jedenfalls pluralistisch geworden sind. Die Verbindlichkeiten tauchen aber in einem religiösen Werk auf und werden dort ausdrücklich von einer religiösen Autorität, dem Gott Israels, erlassen. Es sind die Zehn Gebote, auch Dekalog genannt, die im 2. Buch Mose (Exodus), seinem Kapitel 20, vorgestellt und im 5. Buch Mose (Deuteronomium), dessen 5. Kapitel, wiederholt werden.

Wieso also kann selbst eine Gesellschaft, ohne ihrer vorherrschenden Säkularität zu widersprechen, die von einer religiösen Autorität stammende Verbindlichkeit anerkennen? Die Antwort entdeckt, wer die anscheinend problematische, weil religiös kontaminierte Verbindlichkeit näher untersucht: Wir sprechen hier zwar in der Regel von den Zehn Geboten, meinen aber nur einen Teil, nicht den ersten, spezifisch religiösen, sondern lediglich den zweiten Teil. Dieser beginnt mit dem Gebot, Vater und Mutter zu ehren, und begründet diese Forderung in keiner Weise religiös, sondern auf folgende Weise rein innerweltlich und pragmatisch: «damit deine Tage verlängert werden und es dir wohl ergehe». Der denn doch religiösen Zusatz: «auf dem Boden, den der Herr, dein Gott dir schenken wird», ist nämlich für die Begründung der Verbindlichkeit entbehrlich.

Bei den nächsten Geboten: nicht zu morden, die Ehe nicht zu brechen, nicht zu stehlen, nicht zu lügen usw., taucht eine pragmatische Rechtfertigung zwar nicht (mehr) auf. Sie lässt sich in der Sache aber leicht ergänzen. Dort, wo Morden, Diebstahl usw. erlaubt sind, kann von einem humanen, auch nur angenehmen Zusammenleben schwerlich die Rede sein. Wer nun seinen Eltern das Ehren nicht verweigert, gibt einen Teil jener Willkürfreiheit auf, die wir als Kennzeichen des Naturzustandes kennenglernt haben.

Dasselbe trifft auf die nächsten Verbindlichkeiten, jetzt keine Gebote, sondern Verbote, zu: Zum Zweck eines gedeihlichen Zusammenlebens verzichtet man auf weitere Teile der Willkürfreiheit. Der entsprechende Verzicht, ausgesprochen in den Verboten von Mord, Diebstahl und Betrug, ist so elementar, dass alle Kulturen, die wir kennen, ihn in ihr Strafrecht aufgenommen haben.

Die genauere Art des Verzichts haben wir weiter oben untersucht. Hier ziehen wir eine Zwischenbilanz. Sie besteht in der im wörtlichen Sinn a-religiösen, nämlich von religiöser Begründung vollständig unabhängigen Einsicht, die wir gemäß dem Gedanken des Naturzustandes und seiner unerlässlichen Überwindung in Begriffen von Freiheit festhalten: Zum Zweck, Freiheit zu sichern, muss man eine absolute (Willkür-) Freiheit aufgeben, also den genannten Freiheitsverzicht um der Freiheit willen vornehmen.

2.

Ein zweites Verzichtsmuster

Menschsein ermöglichen

Vertraut oder ungewöhnlich – die bisher erörterten Verzichte unterscheiden sich inhaltlich deutlich voneinander und zeichnen sich doch durch eine Gemeinsamkeit aus: Ob man auf Freiheit um der Freiheit willen verzichtet, ob man einen konkreten Rechtsanspruch aufgibt, ob man generell der Privatjustiz entsagt und das Strafrecht die Rache hinter sich lässt – bei keiner dieser Gestalten hat der Verzicht den Rang eines Selbstzwecks. Keine der Beschränkungen geschieht um ihrer willen, stets verfolgt man ein dem Verzicht äußeres Ziel oder ihm äußeren Zweck. Die Selbstbeschränkungen haben also eine instrumentelle Bedeutung: Sie stehen in fremden Diensten.

Nicht anders verhält es sich bei den Verzichten, die wir jetzt untersuchen. Es sind zwei Stufen der Selbstbeschränkung, von denen, wie bei zwei Stufen zu erwarten ist, die zweite Stufe über die erste hinausgelangt. Die erste Gruppe von Verzichten ermöglicht es den Menschen, nicht nur zu leben, sondern in einem anspruchsvollen Sinn Mensch zu sein. Die zweite Gruppe hilft, das Menschsein zu steigern. Dabei kann die eine Stufe beinahe nahtlos in die andere Stufe übergehen.

Ideengeschichtlich finden sich die diesen Verzichten entsprechenden Überlegungen vor allem im Kontext einer Lebenskunst, die die Philosophie seit den Griechen entwickelt. Deren Leitbegriff ist die Eudaimonia, das Glück oder die Glückseligkeit. Diese ist nicht als ein Zufallsglück zu verstehen, etwa als ein wertvoller Fund, für den sich nicht einmal der Eigentümer meldet, auch nicht als ein Lottogewinn oder als das Wirken der launischen Göttin Fortuna. Denn in diesen Fällen hängt das Glück von äußeren Kräften ab, während die Lebenskunst in der eigenen Verantwortung des Menschen liegt. Sie besteht in der Fähigkeit und Haltung, sein Leben nicht bloß in gewissen Sachbereichen und Zeitabschnitten, sondern als Ganzes gelungen-glücklich zu führen.

Die Lebenskunst ist keine Kunst im Sinne der schönen Künste, denn diese pflegt nur ein kleiner Teil der Menschen. Sie stellt kein Privileg besonders kreativer Personen dar, sondern gehört zu dem, was im Lateinischen *ars* und im Griechischen *technè* heißt. Gemeint ist eine Fähigkeit, die, einer Handwerkskunst gleich, im Prinzip jedem Menschen offensteht und die einem von niemandem abgenommen werden kann:

Keine Person vermag Lebenskunst stellvertretend für einen anderen auszuüben. Man kann sie zwar, ja, man muss sie auch lernen. Denn von Geburt an verfügt niemand über Lebenskunst, ebenso wenig fliegt sie jemandem zu. Das Lernen darf sich zwar an Vorbildern orientieren, freilich ohne dass man diese schlicht nachahmen dürfte. Denn die Lebenskunst verlangt, im Rahmen der eigenen Begabungen und Möglichkeiten sich selbst zu entfalten, selbst Chancen zu ergreifen, Schwierigkeiten zu überwinden und insgesamt gelungen zu leben. Es kommt darauf an, sein Dasein im anspruchsvollen Sinn des Wortes zu meistern. Und diese Kunst muss am Ende jeder selbst beherrschen.

Weil Menschen aller Kulturen und Epochen sie benötigen, ist die Lebenskunst, gelegentlich auch Lebensweisheit oder Lebensklugheit oder schlicht Common Sense, gesunder Menschenverstand, genannt, ein klarer Beleg für das interkulturelle Interesse dieses Essays. Sie ist nämlich in und von vielen Kulturen und Epochen entwickelt worden. Eine philosophische Lebenskunst sucht nun keine allgemeingültigen Rezepte, die ohnehin beide Seiten sich verbitten würden, sowohl die Kulturen, die ihre Eigenarten nicht aufgeben, noch mündige Personen, die ihr Leben selbstbestimmt führen wollen. Trotzdem finden sich viele Gemeinsamkeiten, was nur für radikale, bei näherem Hinsehen aber wirklichkeitsfremde Kulturrelativisten überraschend erscheint.

Zu den Gemeinsamkeiten gehören die Wertschätzung von Rechtschaffenheit, Großzügigkeit und Hilfsbereitschaft, die Anerkennung der Goldenen Regel («Was du nicht willst, das man dir tu, das füg auch keinem andern zu»), ein Lob auf Gerechtigkeit, auf Wohlwollen beziehungsweise Nächstenliebe und auf Freundschaft, ferner der Appell, «nichts im Übermaß» zu betreiben, und nicht zuletzt eine vielstimmige Aufforderung zum Tierschutz.

Eine im engeren Sinn philosophische Lebenskunst sucht nach einschlägigen Grundbegriffen, Prinzipien, auch nach Grundhaltungen, Tugenden genannt, die den jeweiligen Personen selbst in schwierigen Situationen ein gelungenes Leben ermöglichen. Weil zwar nicht die konkreten Situationen, aber doch die Situationstypen sich über Kultur- und Epochengrenzen hinweg ähneln, sind die schon angedeuteten Gemeinsamkeiten keineswegs erstaunlich.

Wegen ihres Leitbegriffs, der Eudaimonia, auch Eudaimonismus genannt, wird die Lebenskunst seit altägyptischen und babylonischen Weisheitslehren, seit der indischen und der chinesischen Ethik, seit griechischen und römischen Autoren über das Mittelalter bis zur Renaissance, dem Humanismus und der Aufklärung, über die Hoch-Zeit der deutschen Philosophie etwa mit Kant und Hegel bis zum neunzehnten, zwanzigsten und beginnenden einundzwanzigsten, also bis zur Gegenwart gedankenreich und wortmächtig gepflegt.

Nun gehört zum Wesen dieser Lebenskunst der Verzicht unabdingbar hinzu. Für eine Philosophie der Selbstbeschränkung tut sich daher eine wahre Fundgrube auf. Von der einleitend erwähnten Wende der philosophischen Ethik zur Pflichtenethik wird die Fundgrube jedoch nach und nach zugeschüttet, so dass sie heute so gut wie vergessen ist. Glücklicherweise ist sie aber nur beinahe in Vergessenheit geraten, denn als Tugendethik wird sie immer wieder, beispielsweise von Philosophen wie Max Scheler 1915, Otto F. Bollnow 1958 und Josef Pieper 1964 sowie von der englischsprachigen *Virtue Ethics* 1997 (s. a. *Tugendethik* 1998), nicht zuletzt von Ernst Bloch, Hans Jonas und Albert Camus sowie von neuesten Autoren, etwa im «Stundenbuch» von John von Düffel *Wie lebe ich richtig?*, gepflegt.

Ein auch nur knapper Blick in die großen Texte der Lebenskunst darf die Tradition der teils philosophischen, teils philosophienahen sogenannten Moralisten keineswegs übergehen. Ihre Bezeichnung kommt von *mores*: Sitten. Die Moralisten verstehen sich als Sittenlehrer, dies aber in der Regel nicht in einer gewisse Sitten vorschreibenden, sondern sie vielmehr beschreibenden Bedeutung. Die infrage kommenden Moralisten stellen keine moralischen Verbindlichkeiten oder Grundsätze auf, wie Menschen handeln sollen. Lieber beobachten sie das tatsächliche Verhalten. Darüber hinaus suchen sie nach versteckten Triebfedern oder skizzieren einige aus Lebenserfahrung gewonnene Maximen gelungenen Lebens, freilich auch skeptische Einwürfe. Nicht zuletzt verfassen sie wie Adorno «Reflexionen aus dem beschädigten Leben».

In Europa blüht die Moralistik seit der frühen Neuzeit und erlebt mit Autoren wie Montaigne, La Rochefoucauld, Pascal und La Bruyère im Frankreich des 16. und 17. Jahrhunderts einen Höhepunkt. Unterschätzen darf man freilich nicht die Beiträge des Italieners Guicciardini, des Spaniers Gracián, des Engländers Francis Bacon und deutsche Autoren wie Lichtenberg, Goethe, Schopenhauer und Nietzsche. Da es überdies antike Vorläufer wie Theophrast, Seneca und Plutarch, zuvor die Sieben Weisen der Griechen gibt, handelt es sich um ein gemeineuropäisches Phänomen.

Wichtig ist all diesen Autoren ein eminenter Stilwille. Der Moralist liebt sprachlich brillant formulierte Maximen und Reflexionen, die sie in lockeren Sammlungen von Essays und Aphorismen zusammenfassen.

«Ein Tier heranzüchten, das versprechen darf»

Einer der zahlreichen Moralisten sei exemplarisch herausgehoben, der Moral- und Gesellschaftskritiker, der Theoretiker der Moderne und nicht zuletzt überragende Sprachkünstler Friedrich Nietzsche. In seiner «Streitschrift» *Zur Genealogie der Moral* erklärt er die Moral zu einem unverzichtbaren Element in der Aufgabe, das Tiersein, die «Bestie» im Menschen, zu überwinden. Die zweite Abhandlung der Schrift beginnt mit der bewusst provokativen, damit zum Denken herausfordernden Frage: «Ein Tier heranzüchten, das versprechen *darf* – ist das nicht gerade jene paradoxe Aufgabe selbst, welche sich die Natur in Hinsicht auf den Menschen gestellt hat?»

Nietzsche kommt es hier nicht auf die üblichen Fragen an, etwa ob man gewisse Verabredungen, die man getroffen hat, unter allen Umständen einhalten soll. Derartige Fragen setzen voraus, in dem Sinn für sein Tun und Lassen verantwortlich zu sein, dass man heute sagen, eben versprechen kann und darf, was man morgen tun wird. Nietzsche will nun wissen, woher diese den Menschen vom Tier unterscheidende Fähigkeit zur Verantwortlichkeit kommt. Er untersucht deren Herkunft, die Genealogie des Versprechen-Könnens. Entscheidend ist hier nicht mehr das bekannte «moralistische» Versprechen-Halten-Sollen, sondern ein neues genealogisches Halten-Dürfen.

Die Antwort: Um «für sich *als Zukunft* gut sagen zu können», um ein zum Versprechen fähiges Wesen zu werden, musste die Menschheit enorme Widerstände überwinden. Daher ist die Überwindung der Tierheit, die Menschwerdung oder Anthropogenese, ein höchst schmerzlicher Vorgang, geprägt von einer Grausamkeit, die für uns heute – «zahme Haustiere» – kaum noch vorstellbar erscheint.

Nietzsche nennt den Fall, in dem ein Schuldner, «um eine Bürgschaft für den Ernst und die Heiligkeit seines Versprechens zu geben, Kraft eines Vertrages dem Gläubiger zum Beispiel seinen Leib oder sein Weib oder seine Freiheit oder auch sein Leben» verpfändet (2. Abhandlung, Abschnitt 5). Eine von Nietzsches mitleidlosen Einsichten in die Frühzeit der Menschheitsentwicklung: «Leiden-sehn tut wohl, Leidenmachen noch wohler» (Abschnitt 6). Die «tröstliche» Fortsetzung: «damals, als die Menschheit sich ihrer Grausamkeit noch nicht schämte», war «das Leben heiterer auf Erden (...) als jetzt» (Abschnitt 7), da die Menschen, statt wie früher die gewissenlos lebenden Vornehmen oder «Herren», vom schlechten Gewissen geplagt werden. Diesen Lernprozess erleiden zu müssen – und nicht eine Art von Tierzucht – ist bei Nietzsche mit «heranzüchten» gemeint. Am Ende, nach «der längsten Zeitdauer des Menschengeschlechts», hat der Mensch die Fähigkeit erworben, die Nietzsche hier der Moral zuspricht: Er ist *«berechenbar, regelmäßig, notwendig»* geworden.

Nietzsche unterscheidet zwei Stufen, die freilich ineinander übergehen. Auf der ersten Stufe, über die allerdings die meisten Menschen nicht hinauskommen, steckt man in jener «sozialen Zwangsjacke», die den Menschen «wirklich berechenbar» macht. Auf der zweiten Stufe hat man die Zwangsjacke überwunden und den höchsten, das Menschsein vollendenden Rang erreicht.

Unser Philosoph nennt den entsprechenden Menschen das «autonome, übersittliche Individuum», jenes «*souveraine Individuum*», das sich der «seltenen Freiheit» bewusst ist, «Macht über sich und das Geschick» zu haben. Der ersten Stufe liegt nun unser zweites Verzichtsmuster zugrunde, die Ermöglichung des Menschseins durch eine Geschichte grausamer Überwältigungsprozesse, während das dritte Verzichtsmuster, die große Steigerung des Menschseins, auf der zweiten Stufe situiert ist.

Zur oben genannten europäischen Moralistik noch eine Nachbemerkung: Man hat hier jenen beliebten Fehler zu vermeiden, der teils auf Selbstüberschätzung der europäischen, teils auf Unkenntnis außereuropäischer Kulturen beruht: Man darf keinem Eurozentrismus erliegen. Denn die Moralistik hat durchaus ein außereuropäisches Gegenstück, zu finden in den schon erwähnten, ebenfalls sprachlich pointierten (Lebens-)Weisheiten anderer Kulturen und Epochen. Die provokative Schärfe von Nietzsches Moralkritik wird jedoch kaum erreicht. Darin könnte denn doch eine europäische Besonderheit liegen, auf die es hier aber nicht ankommt. Denn ohne Zweifel findet sich die beim dritten Verzichtsmuster wesentliche Steigerung des Menschseins andernorts, außerhalb unseres Kontinents, ebenfalls.

Drei Kardinaltugenden: Tapferkeit, Gerechtigkeit und Klugheit

Wie der Ausdruck des Verzichts, so ist auch der der Tugend heute weder in der Umgangssprache noch im philosophischen Diskurs hoch angesehen. In der früheren Philosophie hingegen war die Tugend seit ihren beiden Kirchenvätern, Platon und Aristoteles, ein für die Ethik, auch die politische Philosophie selbstverständlicher Grundbegriff.

Mitverantwortlich für dessen Bedeutsamkeitsverlust ist

die Wende von einer Ethik, die auf die menschlichen Möglichkeiten für das persönliche und soziale Wohlergehen verpflichtetet ist, als einer eudaimonistischen Könnensethik, zu einer auf Gebote und Verbote konzentrierten Pflichtenethik. Hinzu kommt die politische Sorge, dass bei Versuchen, den Tugendbegriff zu rehabilitieren, gewisse «bürgerliche Tugenden» wie Fleiß, Ordnungsliebe, Pünktlichkeit und Sparsamkeit zulasten der wahrhaft moralischen Tugenden wie Gerechtigkeit und Wohlwollen in den Vordergrund geschoben würden. Die genannten, pragmatischen Einstellungen sind zwar durchaus sinnvoll, für ein verlässliches Zusammenleben sogar kaum verzichtbar, für ein gelungenes Leben aber lediglich von instrumenteller und funktionaler Bedeutung.

Eine philosophische Wiederbelebung des Tugendbegriffs greift daher auf dessen Kernbedeutung zurück, auf eine, darf man einmal pathetisch erklären, dem Menschsein würdige Lebenshaltung und Lebenseinstellung. Tugend ist das Ziel und der Zweck einer menschlich vortrefflichen Persönlichkeit: Durch fortgesetztes Üben und Einüben von moralisch beziehungsweise sittlich hochgeschätzten Handlungsweisen wird man fähig und bereit, jenes Leben zu führen, bei dem man möglichst wenig dem Spielball fremder Kräfte unterworfen ist, seien es innere Fremdkräfte wie die naturwüchsigen Bedürfnisse und Leidenschaften, seien es äußere Fremdkräfte wie soziale Rollenerwartungen.

Als tugendhaft darf jemand gelten, der stattdessen sein Leben so weit wie möglich selbst in die Hand nimmt und diese Selbstzuständigkeit und Selbstverantwortung zu einer festen Grundhaltung, zu einem Charaktermerkmal, ausbildet. Infolgedessen ist er nicht bloß zu einem selbstbestimmten Leben fähig, sondern auch dazu bereit; er führt das entsprechende Leben tatsächlich. Schon wegen dieser Eigenschaft des gelebten Nein zu vermeidbarer Fremdbestimmung wohnt der Tugend wesentlich ein Moment der Selbstbeschränkung inne: Unter Verzicht auf eine Lebensführung aus Zufall, Gewohnheit oder sozialem Zwang zeichnet sich der Tugendhafte durch die für eine sittlich gebildete Persönlichkeit wesentliche Ich-Stärke aus.

Die klassische Tugendethik gab sich dabei mit relativ einfachen Lernprozessen zufrieden, mit Lob und Tadel, mit Vorbild und Nachahmung und dem über längere Zeit vorgenommenen Einüben: Besonnen wird man durch besonnenes, gerecht durch gerechtes Handeln. In Nietzsches Geist darf man sagen, dass Denker wie Sigmund Freud und Michel Foucault diese Vorstellung «hinterfragen». Sie halten sie für nicht sachgerecht genug, da sie grundlegende Schwierigkeiten unterschätzt oder gar unterschlägt. Daher plädieren sie, ausdrücklich oder unausdrücklich, dafür, den Erwerb von Tugend für eine durchaus mühselige Aufgabe zu halten: Man hat erhebliche Triebverzichte vorzunehmen, eine Arbeit, für die Foucault im mittelalterlichen Mönchstum Vorbilder findet.

Entlang der Hauptgesichtspunkte menschlichen Lebens kann man nun die tugendhafte Lebenshaltung gehaltvoller bestimmen, was zu einer Vielzahl von Tugenden führt. Seit Platon ist deren Einteilung in vier sittliche Grundhaltungen, die Kardinaltugenden, maßgeblich: in Besonnenheit, Tapferkeit, Gerechtigkeit und Klugheit. Gemäß dem lateinischen Ausdruck *cardo*, Türangel, sind jene Haupt- und Kerntugenden gemeint, um die sich weitere Teil- oder Untertugenden drehen und eine insgesamt sittliche Lebensführung ermöglichen.

Bei Aristoteles lernen wir noch weitere Tugenden kennen, beispielsweise die Freigebigkeit, in gesteigerter Gestalt die Großzügigkeit, in Bezug auf Ansehen und Ehre die Großgesinntheit, ferner die Wahrhaftigkeit, die Gewandtheit und die Freundlichkeit sowie als Quasi-Tugend die Freundschaft.

Obwohl der Gedanke der Vierteilung, d. h. eines Quartetts von Kardinaltugenden, in der abendländischen Tugendlehre maßgeblich bleibt, gehen die grundlegenden Bestimmungen häufig auf Aristoteles zurück. Den Kern seiner Tugendkonzeption bildet die Vorstellung der «Mitte». Im Gegensatz zu einem verbreiteten Missverständnis ist aber kein rechnerisch bestimmbarer Mittelwert gemeint, auch kein zum goldenen Mittelweg geadelter Kompromiss. Die Mitte bedeutet kein bequemes Mittelmaß, vielmehr etwas Vorzügliches und Vollkommenes, das bei seinem Gegensatz zu zwei falschen Handlungen anschaulich und einprägsam wird.

Wir beginnen mit der *Tapferkeit* beziehungsweise dem Mut oder der Courage. Gefragt, sogar gefordert ist sie in Gefahrensituationen. Im Gegensatz zu einem blinden Vorpreschen, der Tollkühnheit, aber auch zu einem ängstlichen Zurückweichen, der Feigheit, besteht sie im souveränen Umgang mit jeder Art von Bedrängnis, Unsicherheit und Not. Tapferkeit ist keineswegs auf Kriegssituationen beschränkt. Wer tapfer handelt – man sagt auch: beherzt, entschlossen und kühn –, vermag in Augenblicken der Gefahr, sich unerschrocken, mutig zu verhalten. Tapfer heißt aber auch, wer trotz Rückschlägen schwierige Lagen erträgt oder sogar bewältigt oder wer mit beträchtlichen Schmerzen zurande kommt.

Bei körperlicher, gesellschaftlicher oder politischer Bedrohung – im letzten Fall spricht man von Zivilcourage – tritt, wer tapfer ist, für sein Leben und dessen Unversehrtheit, gegebenenfalls auch für sein Eigentum, seine Selbstachtung (Ehre), ferner für seine Überzeugungen ein. Ebenso beweist Mut, wer in Situationen von Leid, Not, Verfolgung und schwerer Krankheit seine Würde behält. Auch Berufsgruppen, die man vielleicht persönlich nicht hoch schätzt, darf man den Mut nicht absprechen, etwa einem Unternehmer, der sich mit viel Eigenkapital auf Investitionen einlässt, ohne sich deren Erfolgs sicher sein zu können.

Selbst Stierkämpfern, deren Metier heute kaum noch jemand schätzt, darf man Tapferkeit, sogar deren Höchstmaß, sein Leben aufs Spiel zu setzen, nicht abstreiten. Weil wir von diesen Personen ein kluges Nachdenken über Tod und Leben kaum erwarten, sei darauf hingewiesen: In einem Interview mit Paul Ingendaay (unter dem Titel «Wir leben in einer Welt, die den Tod nicht versteht») erklärt Saúl Jiménez Fortes, der in der Arena selbst schwere Verletzungen erlitten hat, dass der Matador, nach einer schweren Verletzung genesen, der Schönheit des Lebens, das er bis dahin nicht ausreichend gewürdigt hatte, sich bewusst werde. Und: «Solche Verletzungen verändern einen für immer. Man kehrt nie mehr in den früheren Zustand zurück, man vergisst nicht, was man gelernt hat.»

Weil er sich fraglos eine lebensgefährliche Tätigkeit zum Beruf gemacht hat, könnte er «Mut und Tapferkeit» für sich in einem besonderen Maß beanspruchen. Das besondere Maß bedeutet freilich, dass gemäß dem Stierkämpfer auch gewöhnlichere Menschen tapfer sein können. In der Tat hält er die Tapferkeit, was zum Gedanken der Kardinaltugend zurückführt, für eine Tugend «des Menschen an sich», die bei vielen anderen Gelegenheiten gefordert ist, woraus folgt: «Jeder Mensch kann mutig sein», auch wenn er es nicht täglich zeigen muss (Frankfurter Allgemeine Zeitung, 17. August 2022, S. 11).

Dass es für tapferes Handeln keine allgemeinen Rezepte gibt, dass es vielmehr auf die jeweilige Person und ihre Situation ankommt, versteht sich von selbst. Für die Aufgabe, das situationen- und personengerechte Tun und Lassen herauszufinden, folglich als notwendige Ergänzung ist die weiter unten skizzierte Tugend der Klugheit zuständig.

Eine zweite Kardinaltugend, die *Gerechtigkeit*, hier als persönliche Einstellung, nicht als Moralkriterium von Rechts- und Staatsverhältnissen, ist eine Haltung des Widerspruchs gegen Unrechttun, aber auch gegen Unrechterleiden. Sie besteht in jener Rechtschaffenheit gegenüber den Mitmenschen, die aus freien Stücken, nicht etwa aus Zwang davon Abstand nimmt, die Mitmenschen zu betrügen oder sonst wie zu übervorteilen, etwa von dem, was ihnen zusteht, etwas wegzunehmen.

Eine weitere Kardinaltugend, die schon erwähnte *Klugheit*, ist im Unterschied zu den anderen Kardinaltugenden keine sittliche, sondern eine auf das Wissen bezogene, kognitive Tugend. Sie besteht in einer zur Haltung verfestigten Urteils-, nicht Handlungsfähigkeit, die sich, so ihr keineswegs banales Verzichtsmoment, gegen eine Unüberlegtheit im Handeln absetzt. Klug ist, wer unter Voraussetzung seiner sittlichen Tugenden in der jeweiligen Situation und nach Maßgabe der ihm zur Verfügung stehenden Mittel und Fähigkeiten sich den besten Weg überlegt.

Diese wahre Kardinaltugend unterscheidet sich von zwei anderen Einstellungen, die man gelegentlich auch Klugheit nennt. Im Gegensatz zu einer «machiavellistischen Klugheit», der sprichwörtlichen Klugheit der Schlange oder Schlauheit des Fuchses, bedeutet sie weder eine gegen die Moral gleichgültige Urteilskraft noch gar ihre amoralische Gestalt, eine Gerissenheit oder Verschlagenheit, die ohne Rücksicht selbst auf bescheidene Moralvorstellungen nur das eigene Wohlergehen verfolgt.

Die Urteilskraft hat nun bloß dann den Rang einer Kardinaltugend, wenn sie sich von vornherein auf das Gute und Richtige verpflichtet. Unter dieser, aber auch nur dieser Bedingung wird die Klugheit zu einem Bestandteil, sogar unverzichtbaren Teil der Kardinaltugenden. Während die anderen, sittlichen Tugenden den Menschen fähig und bereit machen, das moralisch Richtige mit aller Kraft anzustreben und zu verfolgen, befähigt erst die Klugheit, die hier und jetzt für den Handelnden angemessenen Mittel und Wege herauszufinden.

Die als Kardinaltugend gemeinte Klugheit ist eine ihrem Wesen nach moralisch-praktische Urteilskraft. Sie befähigt dazu, unbeirrt, möglichst ohne Selbsttäuschungen und ideologische Verzerrungen sowie mit Wirklichkeitssinn jenes moralisch Richtige zu bestimmen, das der Persönlichkeit des jeweils Handelnden, der Situation, in der er sich gerade vorfindet, und der ihm zur Verfügung stehenden Mittel und Wege gerecht wird. Ohne die Klugheit können also weder Tapferkeit und Gerechtigkeit noch die im nächsten Abschnitt zu skizzierende Besonnenheit konkretes Tun und Lassen bestimmen und ausführen.

Die vierte Kardinaltugend: Besonnenheit

Der den Tugenden innewohnende Verzicht tritt bei der im Quartett der Kardinaltugenden noch fehlenden Besonnenheit am deutlichsten zutage. Wie in vielen Bereichen der westlichen Kultur, so finden sich auch hier wichtige Wurzeln in der griechischen Kultur. Der entscheidende Ausdruck heißt dort *sophrosynè*, was das Lateinische als *temperantia* übersetzt und das Deutsche mit Besonnenheit, aber auch mit Mäßigung und Maß wiedergibt.

Zusammengesetzt aus den Bestandteilen *sos* mit der Bedeutung von heil, gesund und unversehrt und *phren*: Verstand, Einsicht, Gemüt und Wille, meint Sophrosyne wörtlich den gesunden Menschenverstand – die unversehrte Einsicht und den ebenso unversehrten Willen. Das schließt die Fähigkeit und Bereitschaft ein, sich mit seinen Möglichkeiten und seinen Grenzen zu erkennen und anzuerkennen, sich mit den Augen seiner Mitmenschen zu betrachten und in diesem zweidimensionalen Sinn auch handeln zu können.

Innerhalb jener von den Griechen allgemein anerkannten Moral, die die Spruchweisheiten der Sieben Weisen auf den Punkt bringen, richtet sich die Besonnenheit gegen zwei Grundgefahren der Menschen. Ohne Zweifel drohen sie der heutigen Zivilisation wegen ihrer enorm gestiegenen wirtschaftlichen und wissenschaftlich-technischen Möglichkeiten nicht etwa weniger, sondern im Gegenteil noch weit mehr als früher. Insofern haben die beiden Grundgefahren über ihr generelles anthropologisches Gewicht hinaus eine hochaktuelle Bedeutung: der frevelhafte Übermut, die *hybris*, und das Immer-mehr-Wollen, die *pleonexia*. Gegen beide Gefahren richten die Griechen die Forderung: *mèden agan*, «nichts im Übermaß».

Die Besonnenheit verlangt nicht etwa, sich klein zu machen. Weder soll der Mensch seine Rationalität und ihre wirtschaftliche und wissenschaftlich-technische Seite ohne Not einschränken noch seine Antriebskräfte mit ihren naturwüchsigen Bedürfnissen und Interessen unterdrücken. Die Besonnenheit verbietet nicht, bei entsprechender Gelegenheit sich von Herzen zu freuen. Verlangt ist lediglich, das übermütige Vertrauen in die eigenen Kräfte, die Hybris, und eine Nie-Zufriedenheit hinsichtlich Eigentum und Wohlstand, Anerkennung und Macht aufzugeben. Die Pleonexie tritt vor allem in drei allgemeinmenschlichen Leidenschaften zutage: in Habsucht, Ehrsucht und Herrschsucht. Erst mit Hilfe der dafür notwendigen Verzichte werden sie überwunden.

Besonnen ist beispielsweise, wer seine sinnlichen Antriebskräfte zwar zu mäßigen, aber nicht zu unterdrücken oder auszurotten vermag. Die Sinnen-, Sinnlichkeits- und Leibfeindlichkeit ist der Besonnenheit fremd. Keineswegs verbietet sie, bei entsprechender Gelegenheit sich von Herzen zu freuen. Sie verlangt nur, sich von seinen Leidenschaften nicht überwältigen zu lassen, vielmehr sich als deren Herr und Meister zu erweisen. Ebenso ist besonnen, wer durchaus sein Rationalitätspotential ausschöpft, es jedoch richtig einschätzt, also nicht überschätzt. Allmachtsphantasien, die einzelne Menschen und gelegentlich die Menschheit hegen, sind dem Besonnenen fremd.

Aus der klassischen Philosophie der Besonnenheit sind zwei Einsichten bekannt, deren Anerkennung sich auch heute empfiehlt. Im Folgenden werden sie im Anschluss an ihre Herkunft, aber auch unabhängig von dieser skizziert. Die eine Einsicht verdankt das westliche Denken Platon, die andere Aristoteles.

Nicht nur nach Platon, sondern auch in der Sache und im Allgemeinen ist die Besonnenheit für zwei Aufgabenbereiche zuständig: die persönlichen Begierden und die politischen Leidenschaften. Eine erste Mäßigung, in der das Wesen der Besonnenheit besteht, die der Begierden, braucht es sowohl beim Handeln der gewöhnlichen Bürger als auch beim Gemeinwesen und dessen Führungselite. Die Bereiche, in denen gewöhnliche Bürger sich einschränken sollen, sind so offensichtlich, dass die Erwähnung nach einer Banalität klingt: Man mäßige sich beim Essen und Trinken, beim Einkaufen und Fernsehen, bei der Beschäftigung mit dem Smartphone und dem Rechner, aber auch in Gesprächen, beim Reden. Stattdessen höre man anderen lieber einmal zu.

Dabei genügt jenes passive Zuhören nicht, bei dem man, statt selbst zu reden, auch einmal schweigt – teils, weil man gelangweilt ist, teils, weil man nur auf eine Redepause des anderen wartet, um selber zum Zuge zu kommen. Man pflege vielmehr jenes aktive Zuhören, das zweierlei verlangt: ein hohes Maß an Konzentration und als deren Voraussetzung die Bereitschaft, sich vom eigenen Narzissmus zu lösen, der sich immer selbst in den Mittelunkt stellt. Denn beim aktiven Zuhören muss auf das geachtet werden, was der andere sagt oder auch nur sagen will. Zu diesem Zweck ist erforderlich, sich in ihn hineinzudenken und hineinzufühlen.

Gelegentlich braucht es zusätzlich ein gerütteltes Maß an Nachsicht. Man sollte nämlich auch den Personen geduldig zuhören, aus denen das Selberreden so heraussprudelt, als ob sie, aus einer zehnjährigen Einzelhaft entlassen, froh sind, endlich einen Zuhörer gefunden zu haben. Aus Menschenfreundlichkeit muss man also gelegentlich selbst eine krankhafte Geschwätzigkeit, eine Logorrhö, ertragen. Grenzenlos geduldig, sagt die Selbstachtung, muss man allerdings nicht werden.

Eine zweite, jetzt nicht mehr persönliche, sondern politische Aufgabe der Besonnenheit bringt Jean-Jacques Rousseau auf den Punkt. In seinem staatsphilosophischen Hauptwerk *Du contrat social, Vom Gesellschaftsvertrag*, dort im Buch II,

Kapitel VII, «Vom Gesetzgeber», erklärt er: Um die für eine politische Gesellschaft besten Vorschriften zu entdecken, müsste die zuständige Instanz, der Gesetzgeber, über jene (schlechthin) überragende Intelligenz verfügen, die alle menschlichen Leidenschaften kennt, aber keiner von ihnen unterworfen ist. Offensichtlich übersteigt diese Bedingung die Möglichkeiten eines menschlichen Individuums. Selbst jene überragenden Personen, die die Religionen als Heilige verehren, erfüllen diese Bedingung nicht. Denn die im religiösen Sinn als heilig anerkannten Menschen führen zwar ein vorbildliches Leben, vorbildlich aber für sinnliche Vernunftwesen, nicht für reine Vernunftwesen. In dieser Hinsicht bleiben sie gewöhnliche Menschen, die in Versuchung geführt werden können und diese Situation nicht immer und unter allen Bedingungen auf moralische Weise bewältigen. Für einen Gesetzgeber in Rousseaus Sinn müsste jedoch die Versuchbarkeit wegfallen. Insofern wäre er, was unser Philosoph auch nicht abstreitet, ein im wörtlichen Sinn übermenschliches, einer Gottheit ähnliches Wesen. Unter den Menschen, wie wir sie kennen, findet sich jedenfalls kein gottähnlicher Gesetzgeber. Daher würde man, wenn man es denn versuchte, ihn in unseren repräsentativen Demokratien nirgendwo entdecken. Diese Demokratien nehmen bei den gewählten Volksvertretern nicht einmal an, dass sie dem Ideal eines Heiligen nahekommen oder zumindest über die Besonnenheit als persönliche Tugend verfügen. Im Gegenteil halten sie die Gefahr, dass ein politisches Amt und dessen Einfluss- und Gestaltungsmöglichkeiten zur persönlichen Machtgier, auch zur Ehr- und Habsucht missbraucht wird, prinzipiell für nie gebannt.

Deshalb braucht es eine andere, wirklichkeitsgerechte, in ihrem Lösungsanspruch freilich grundsätzlich nur zweitbeste Lösung. Sie besteht in Kontrollorganen und Kontrollmechanismen. Da sie bekannt sind, bedarf es nur einer Erinnerung. Es sind unter anderem die Gewaltenteilung, zusätzlich, aber nicht in allen Staaten anerkannt, die Normenkontrolle parlamentarischer Entscheidungen durch ein Verfassungsgericht, ferner innerhalb des Parlaments die Kontrolle der Regierungsparteien durch die Opposition, weiterhin (und besonders wichtig) die Kontrolle des Parlaments durch die Öffentlichkeit, namentlich die Medien, und, wo erforderlich, nach Aufhebung der politischen Immunität, der Strafprozess gegen einen Abgeordneten.

Für das nähere Verständnis aller Besonnenheit können einige Bestimmungen des nach Platon zweiten großen Philosophen der Griechen, Aristoteles, bis heute überzeugen. Erneut skizziere ich sie auf eine an Aristoteles' Texte nicht gebundene Weise. Richtig und aktuell bleibt der Anwendungsbereich: dass die Besonnenheit sich vor allem auf die für das Menschsein wesentliche Sphäre von Lust und Unlust bezieht und dabei zwei Seiten hat. Die sinnlichen Antriebskräfte betreffen heute, woran viele beinahe ausschließlich denken, die große Welt des Konsums, also des Essens, Trinkens, Sich-Kleidens und des Sich-Schmückens, die Welt der Genussmittel. Sie umfassen zudem das sexuelle Begehren, also die Welt der körperlichen Liebe. Betroffen ist aber auch ein Großteil der emotionalen Welt, etwa das Gefühl, Unrecht erfahren zu haben: die Welt des Zorns.

In allen Bereichen kommt es auf an das rechte Maß an, für dessen Bestimmung man auf Aristoteles' Begriff der «Mitte» zurückgreifen kann. Man hat die Mitte aber erneut nicht quantitativ, sondern qualitativ zu verstehen: im Sinne des griechischen Ausdrucks von *aretè* als Bestheit oder Vortrefflichkeit. Der Mensch gehört seinem Wesen nach, als vernünftiges Tier – im Griechischen das *zoon logon echon*, das vernunft- und sprachbegabte Lebewesen, und auf Lateinisch das *animal rationale* – zwei nur auf den ersten Blick sich widersprechenden Welten an. Gemäß seiner Tiernatur (*zoon*) ist er Teil der Welt von Sinnlichkeit und Emotionalität, die er gemäß der anderen Wesensseite (*logon echon*) vernünftig gestalten kann und soll. Auf diese Weise finden die sinnlichen

Antriebskräfte jene innere Ordnung, die den Menschen zu einer selbstverantwortlichen Person macht.

Dazu gehört ein Moment des Verzichts. Dieses besteht allerdings nicht in einer Einschränkung der Sinnenwelt, sondern in der nach Maßgabe der Vernunft vorgenommenen Herrschaft über sie. Genau darin, aber auch nur darin, erweist sich der Mensch in seiner Gefühlswelt als souverän. Statt seiner Sinnlichkeit die Vernunft zu opfern, muss die unüberlegte, kurzfristige und nur einen Ausschnitt des Gefühlslebens betreffende Lust einer überlegten, nach heutigen Modebegriffen nachhaltigen Lust weichen.

Es versteht sich, dass es für die Besonnenheit ebenso wenig Patentrezepte wie für die Tapferkeit und Zivilcourage gibt. Denn das konkrete Tun und Lassen hängt von der Person und ihrer Situation ab. Die dafür zuständigen Mittel und Wege konkret zu bestimmen, ist die Aufgabe der skizzierten Klugheit.

Kleine Aktualisierung

German Angst. In jüngster Zeit sind über die Staaten der Welt zahlreiche Krisen eingebrochen, etwa eine Finanzkrise, später nach Ansicht mancher Zeitgenossen eine Flüchtlingskrise, wieder später die Covid-19-Pandemie, neuerdings zunächst der durch Putins Überfall auf die Ukraine entstandene Unfriede und teilweise in seinem Gefolge eine Inflationskrise.

Um diese Krisen zu bewältigen, sind vor allem zwei der Kardinaltugenden gefragt: die zivile (in der Ukraine und anderen Kriegsgebieten auch militärische) Tapferkeit und eine mittlerweile global denkende Klugheit. Nicht nur Einzelpersonen haben sie zu üben, sondern, hier ist der Kollektivausdruck sachgerecht, die Gemeinwesen. Fraglos tragen eine besondere Verantwortung die Parlamente und Regierungen, kaum weniger die Medien, hier insbesondere die öffentlichen

Rundfunkanstalten und die großen Zeitungen, nicht zuletzt die Bürgergesellschaft. Courage in Verbindung mit umsichtiger Klugheit beweisen sie dann, wenn sie zwei klare Fehlreaktionen vermeiden und weder vor den einschlägigen Gefahren die Augen schließen noch in Panik geraten.

Wie generell in der Theorie der Kardinaltugenden, so sind auch hier zwar keine Rezepte möglich, auch nicht gefragt. Gefordert ist jedoch jene Einstellung, die «souverän» genannt werden darf: jenes beherzte Handeln aus Zuversicht und Umsicht, das die Risiken nicht unter-, aber auch nicht überschätzt.

Nach Ansicht unserer Nachbarn, beinahe sogar der Weltöffentlichkeit scheint in dieser Hinsicht Deutschland von einer vorbildlichen Einstellung besonders stark abzuweichen. Das Land ist nämlich für eine Haltung der Ängstlichkeit bekannt worden, die sich zu dem in vielen Fremdsprachen verwendeten Ausdruck der *German Angst* bündelt.

Ob der darin anklingende Vorwurf übertriebener Sorge und zu geringen Zutrauens berechtigt ist, braucht hier nicht geprüft zu werden. Ein Land mit derart vielen Wissenschaftlern und Ingenieuren, mit einem so erheblichen Wirtschaftspotential und finanziellen Ressourcen sowie nicht zuletzt mit einem hohen Maß an bürgerschaftlichem Engagement dürfte jedoch über mehr Selbstvertrauen verfügen. Stattdessen wird es wegen der sprichwörtlich gewordenen *German Angst* bedauert, sogar bemitleidet. Hier dürfte dem Land ein Verzicht auf die damit angedeutete Mentalität guttun.

Den Lebensmut nicht verlieren. Unter den heutigen Lebensverhältnissen tut, wieder in Verbindung mit der Lebensklugheit, eine zweite Kardinaltugend not. Es ist die Besonnenheit, die ebenfalls in einer neuartigen Gestalt gefordert ist. Angesichts der vielen Krisen und grundlegenden Veränderungen – der Finanzturbulenzen, Flüchtlingsbewegungen, en- und pandemischer Bedrohungslagen, der bewaffneten Konflikte und Kriege, gestiegenen Energiepreise und hohen Inflationsraten, angesichts zunehmender Vereinsamung und einer immer schwieriger zu durchschauenden Weltlage, ohnehin der gigantischen Umwelt- und Klimagefährdung mitsamt dem rasanten Artenschwund – könnte sich die Diagnose aufdrängen, die Menschheit lebte heute in einer gestörten Welt.

Um dieser trübsinnigen Einschätzung sich nicht hinzugeben und von ihr sich überwältigen zu lassen, mit der Folge, dann allen Lebensmut zu verlieren, dürfte es klug und besonnen, überdies couragiert sein, die neuen Schwierigkeiten weder zu leugnen noch sich ihnen mutlos zu unterwerfen. Besser ist es, die Schwierigkeiten als Herausforderungen wahrzunehmen, die nach einer beherzten Lösung verlangen:

Gegenüber dem weltweiten Leid und Unglück hingegen, von dem man täglich in den Medien erfährt, sollte man weder gleichgültig werden noch sich stets wie ein direkt Betroffener angesprochen fühlen, vielmehr ein – gegebenenfalls hilfsbereites – Mitgefühl mit einem gewissen emotionalen Abstand verbinden. Wofür wir nicht die Hauptverantwortlichen sind und wo die nachhaltige Veränderung auch nicht in unserer Hand liegt, sollten wir uns nicht niederdrücken lassen – weder von der allzu geringen Möglichkeit, zur Verbesserung beitragen zu können, noch von der Einsicht, nicht alles Leid der Welt verhindern oder überwinden zu können.

In die eigene Zukunft investieren. Wie noch zu erläutern sein wird, ist die Arbeits- und Berufswelt für jeden Bürger und seine sogenannte Selbstverwirklichung immer wichtiger geworden. Hier liegt eine andere Art von Verzicht nahe. Vielleicht nicht für jedermann und unter allen Bedingungen, aber in der Regel dürfte es sich empfehlen, statt rasch Geld verdienen zu wollen, Verzicht zu üben und die durchaus von Mühen nicht freien längeren und anspruchsvollen Ausbildungszeiten, später Fortbildungszeiten, auf sich zu nehmen.

Es versteht sich und ist daher kaum der Erwähnung wert, dass man weder das Arbeiten noch das Beschäftigtsein in eine

Sucht ausarten lassen sollte. Das Vorbild gibt nicht der Workaholic, der Arbeitssüchtige, ab, der sich nur dann wohlfühlt, wenn er einer bezahlten oder unbezahlten Tätigkeit nachgeht. Denn nicht nur manches Mitglied einer Großkanzlei oder einer Investmentbank, sondern auch Ehrenamtliche können, was der medizinische Ausdruck der Sucht meint, unter Arbeitssucht leiden. Lieber pflege man ab und an eine kreative Langeweile und adele sie zur Muße.

Besonnenheit öffentlicher Instanzen. Hier drängen sich Beispiele auf, die zugegebenerweise anders beurteilt werden können: Sowohl die öffentlichen Rundfunkanstalten als auch zahlreiche Lehr- und Forschungseinrichtungen zwingen der Öffentlichkeit, ungeachtet zahlreicher Proteste von Sprachwissenschaftlern und anderen Fachleuten und trotz der Ablehnung von etwa zwei Dritteln der wahlberechtigten Deutschen die sogenannte Gendersprache auf.

Der entsprechende Zwang entspringt, das darf man durchaus sagen, einer Hybris der entsprechenden Instanzen, dem Machtgefühl nämlich, der Öffentlichkeit vorschreiben zu dürfen, wie sie zu reden und zu schreiben habe. Mit der Verpflichtung der öffentlichen Rundfunkanstalten auf Unparteilichkeit ist diese sprachliche Parteilichkeit schwerlich zu vereinbaren. Nach dem sprachwissenschaftlich entscheidenden Gegenargument hat das generische Maskulinum, die grammatisch männliche Bezeichnung einer Person oder Sache mit dem biologischen Geschlecht definitionsgemäß nichts zu tun. Nach einem zweiten Gegenargument entspricht die Gendersprache nicht der amtlichen Rechtschreibung und der ihr folgenden Aussprache.

Vermutlich wollen die Verantwortlichen mit der Macht ihres öffentlichen Einflusses die amtliche Rechtschreibung zwingen, die Gendersprache in die amtliche Rechtschreibung aufzunehmen. Zu hoffen ist, dass der Duden über hinreichendes Selbstbewusstsein verfügt, sich dem zu widersetzen.

Weiterhin: Wenn es stimmen sollte, was man von einigen Universitäten hört, dass Qualifikationsarbeiten ohne Gendersprache schlechter bewertet werden, kann man nur den Kopf schütteln. In den Wissenschaften sollte allein die Qualität zählen. Im Übrigen darf man nicht übersehen, dass die Gendersprache das, was sie politisch zu leisten verspricht, die fehlende Gleichberechtigung von Frauen zu mindern, nicht zustande bringt. Entschieden wichtiger ist, dass Frauen weder, angefangen mit den Leitungsstellen, irgendwo trotz Qualität unterrepräsentiert sind noch dass sie schlechter als ihre männlichen Kollegen bezahlt werden. Für die berechtigte Aufgabe der Gleichberechtigung ist die Sprache schlicht unzuständig. Eine angeblich gerechtere Sprache schafft noch keine gerechtere Welt.

Offensichtlich beeinträchtigt die Gendersprache, beim Sprechen eventuell sogar noch mehr als beim Schreiben, ein Qualitätsmerkmal von Sprache, die Eleganz, zu der Kürze hinzugehört. Ohnehin sind wichtige Ausdrücke wie die der Person weiblich. Wer sie um einer konsequenten Gendersprache willen um eine männliche Form erweitern will – wie würde sie überhaupt lauten? –, macht sich schlicht lächerlich.

Ohnehin hat die Sprache eine an Windungen überreiche Geschichte. Sie erlaubt zum Beispiel, ohne sich dabei zu widersprechen, dass eine Gattung der Fauna, der Vogel, männlich, die Arten aber teils weiblich sind wie die Amsel, Meise und Elster, andere dagegen wie der Habicht, Falke, Specht und Geier männlich. Bei der Fauna wiederum kann eine Gattung, der Baum, männlich, die überwiegende Zahl der Arten – Tanne, Fichte, Kiefer, Buche, Eiche, Lärche usw. – weiblich sein. Der Schmetterling wiederum ist männlich, die Larve, aus der er hervorgeht, weiblich.

Mit einem Wort sind die Beispiele, bei den sich das Gendern lächerlich macht, Legion. Man muss sich daher fragen, warum man der Sprache außer ihrer Eleganz nicht ihre angedeutete grammatische Vielfalt lassen will. Hier mangelt es den

Vertretern der Gendersprache an jener Toleranz, die sie in anderen Bereichen so gern für sich beanspruchen.

Kaum minder kritikwürdig ist eine andere Sache: dass die fraglos nicht ärmlich finanzierten öffentlichen Rundfunkanstalten ihr Budget noch durch Werbeeinnahmen erhöhen. Nicht jeder der immer mehr regionalisierten oder auch internationalen «Tatorte» ist vom sogenannten Grundversorgungsauftrag geboten – und findet hinreichend abwechslungsreich spannende Drehbücher. Auch gute Schauspieler und Regisseure können die allzu oft ärmlichen Drehbücher nicht retten. Nicht zuletzt beeinträchtigt eine «Gutmenschen-Einstellung» die Spannung. Denn wenn eine Person mit «Migrationshintergrund» in eine Straftat verwickelt ist, weiß man, dass sie sich bald als relativ harmlos erweisen wird, denn der Hauptverantwortliche, der Drahtzieher der Verbrechen, muss ein «autochthoner Deutscher»: jemand ohne Migrationshintergrund, sein. Schließlich darf selbst ein Fußballfreund fragen, warum so viel öffentliches Geld in diesen Sendebereich fließen muss.

Bereitschaft für öffentliche Besonnenheit dürfte man auch von den Kommunen und anderen verantwortlichen Instanzen erwarten. Mit Ausnahme von Wahlen und Abstimmungen sollten sie gegen die vielen Plakate und Monitore vorgehen, die die ästhetische Qualität der Städte wirklich nicht erhöhen, stattdessen die Verkehrsteilnehmer ablenken können.

Freie Mehrleistungen

Viele Philosophen sind der Ansicht, der Tugendbegriff habe seinen Ort nur in einer der Glückseligkeit verpflichteten Ethik beziehungsweise Moralphilosophie. Da der Begriff maßgeblich von Platon und Aristoteles entwickelt und später von der enorm einflussreichen Philosophenschule der (zunächst griechischen, danach auch römischen) Stoa fortgebildet wurde, spiele, so die Auffassung, die durch fortgesetzte Übung erworbene vorbildliche Lebenshaltung, eben die Tugend, lediglich in der einschlägigen antiken, spätantiken und mittelalterlichen Ethik eine Rolle. Der wichtigsten Alternative, einer Ethik der Pflichten, namentlich einer Moralphilosophie der Autonomie, sei er daher notwendigerweise versperrt.

Dagegen spricht eine einfache Beobachtung: Beim bedeutendsten Vertreter des Autonomieprinzips, Kant, trägt der zweite Teil seines Systems der Moral, der *Metaphysik der Sitten,* den Ausdruck der Tugendlehre schon im Titel. Und in seinen vorangehenden Schriften, der *Grundlegung zur Metaphysik der Sitten* und der *Kritik der praktischen Vernunft*, ist die Sache ebenfalls wichtig. Nach dem hier einflussreichsten Kant-Text, der *Grundlegung*, gilt die Tugend als «nichts anderes als die Sittlichkeit, von aller Bewunderung des Sinnlichen und (...) der Selbstliebe entkleidet». Das besagt: Moralische beziehungsweise sittliche Verbindlichkeiten wie das Verbot zu lügen und das Gebot der Hilfsbereitschaft sind um ihrer selbst willen zu befolgen – und nicht aus einer aufgeklärten Selbstliebe heraus, also etwa, um als rechtschaffener Mitmensch anerkannt zu werden.

Nach dem zweiten Text, der *Kritik der praktischen* Vernunft, ist die Tugend «das Höchste, was endliche praktische Vernunft bewirken kann». Unter der «endlichen praktischen Vernunft» versteht Kant jene auf das Handeln bezogene Vernunft, die das Vernünftige nicht wie reine Vernunftwesen, also beispielsweise Gott, aus sich heraus und mit Notwendigkeit tun. Endliche Vernunftwesen wie Menschen können ihrem Wesen als vernünftige Tiere nach auch durch sinnliche Antriebe, letztlich durch jenes Verlangen nach dem eigenen Glück, motiviert sein, wodurch das moralische Tun und Lassen erschwert, nicht selten sogar verhindert wird. Dem wirkt nun die Tugend entgegen.

Inhaltlich geht es Kant im ersten Teil seines Systems der Moral, der *Rechtslehre* genannten Rechts- und Staatsphilosophie, um Verbindlichkeiten wie das Tötungs- und das Diebstahlsverbot, deren Anerkennen und Befolgen die Menschen einander schulden. Nicht aus Wohlwollen oder Nächstenliebe müssen die Menschen das Leben und das Eigentum ihrer Mitmenschen achten, sondern weil diese ein Recht darauf haben, das gegebenenfalls vor Gericht eingeklagt werden kann.

Im Unterschied dazu behandelt der zweite Teil von Kants Moralsystem, eben die *Tugendlehre*, die Verbindlichkeiten, die nicht mehr geschuldet sind, vielmehr den Charakter von verdienstlichen Mehrleistungen haben. Dazu gehören nach Kant zum einen Pflichten, die der Mensch gegen sich selbst hat (z. B. das Verbot von Lüge und Geiz), sowie das Gebot, seine Talente zu entwickeln. Zum anderen zählen dazu die uns vermutlich eher vertrauten Pflichten gegen andere, beispielsweise die Pflichten zur Wohltätigkeit, zur Dankbarkeit und zum Mitleid, aber auch zur Mitfreude, und die Verbote von Hochmut und übler Nachrede. Das System dieser Verbindlichkeiten, eben die Tugendmoral, besteht in der Gesamtheit derartiger Tugendpflichten.

In diesen neuartigen Zusammenhang – der Autonomie statt der Eudaimonie, der Freiheits- statt der Glücksethik – gehören Grundbegriffe wie Plicht kontra Neigung, Handeln aus Pflicht, vollkommene und unvollkommene Pflichten sowie Pflichten gegen sich und gegen andere. Laut Kant sind sie auf zwei Hauptzwecke ausgerichtet: im Fall der Pflichten gegen sich, der Selbstpflichten, auf die eigene Vollkommenheit und bei den Pflichten gegen andere auf die fremde (nicht die eigene!) Glückseligkeit.

Obwohl also Kant die Sache der Tugend rehabilitiert, hat er für sie einen anderen Begriff. Bislang verstand man unter der Tugend, nimmt unser Philosoph an, eine bloße Fertigkeit oder Gewohnheit, die etwas Mechanisches an sich habe, wogegen klassische Tugendethiker wie Aristoteles vermutlich Bedenken äußern würden. Kant selber begreift die Tugend als «Inbegriff fester und immer mehr geläuterter Grundsätze» (siehe «Tugendlehre», Einleitung, Abschn. II). Dem überlieferten Tugendbegriff wirft Kant auch vor, er brächte bestenfalls pflichtgemäße Handlungen zustande – statt Handlungen aus Pflicht, für die wirkliche Moral erforderlich sind. Vermutlich lässt sich auch dieser Vorwurf zu einem Gutteil entkräften, worauf es hier aber nicht ankommt.

Die Frage, wie neu, eventuell sogar revolutionär neu Kants Tugendbegriff ist, kann nämlich für diesen Essay dahingestellt bleiben. Entscheidend ist, dass der Begriff der Tugend – im Gegensatz zur eingangs erwähnten und heute weit verbreiteten Ansicht – der philosophischen Alternative zur Eudaimonie-Ethik nicht fremd ist. Im Gegenteil bildet er einen unabdingbaren Bestandteil jener zeitgenössisch vorherrschenden Moralphilosophien oder philosophischen Ethiken, die von Kants Alternative zur Eudaimonie, der Autonomie, und ihres Kriteriums der Universalisierbarkeit inspiriert sind.

Zudem ist die Einsicht wichtig, dass für eine in der Autonomie gründende Tugend ein Verzicht in Form einer wahrhaft radikalen Selbstbeschränkung wesentlich ist. Weil Kant zufolge die Tugend «von aller Bewunderung des Sinnlichen (...) und der Selbstliebe entkleidet ist», verzichtet sie noch grundlegender als etwa die traditionelle Tugend der Besonnenheit auf sinnliche Antriebe. Auch ein gewisses Maß an Selbstliebe, das im Rahmen der Kardinaltugenden noch gegenwärtig bleibt, lehnt die Tugend innerhalb einer Autonomieethik ab.

Der Verzichtscharakter zeigt sich des Näheren bei den einzelnen Pflichten. Zur ersten Gruppe, den Selbstpflichten, gehören Verbote der Völlerei (§ 8), der Lüge und Heuchelei (§ 9), des Geizes (§ 10) und der Kriecherei (§§ 11–12) sowie das Gebot der Selbsterkenntnis mit dessen Kehrseite, den Verboten der schwärmerischen Selbstverachtung und der Selbstüberschätzung.

Zu den Fremdpflichten wiederum gehört vor allem das Gebot der Menschenliebe, der Philanthropie, die man in drei Gestalten tätigen Wohlwollens zu erfüllen hat: in Wohltätigkeit, Dankbarkeit und, im Gegensatz zu Neid, einschließlich Missgunst, Undankbarkeit und Schadenfreude, in «Teilnehmung» (§§ 26 ff.). Ihr Verzichtscharakter muss hier nicht an jeder dieser Verbindlichkeiten ausgewiesen werden. Einige Beispiele genügen, die im Übrigen der Sache nach nicht an Kant gebunden sind. Vielmehr bringt sie unser Philosoph «nur» auf eine bis heute überzeugende Weise auf den Begriff.

Wer, erstes Beispiel, einer Verpflichtung gegenüber sich selbst, dem Lügenverbot, genügen will, muss laut Paragraph 9 der *Tugendlehre* und fraglos auch unserem Verständnis dieser Verbindlichkeit zufolge auf jede «vorsätzliche Unwahrheit» verzichten. Wo es nicht geschieht, findet nach Kant ein weit einschneidenderer Verzicht statt, der in moralischer Hinsicht schlimmstmögliche, nämlich «gleichsam Vernichtung seiner Menschenwürde».

Beim Geiz, einem zweiten Beispiel, erneut einer Pflicht gegen sich selbst, denken wir spontan an die Habsucht, die Kant im Paragraphen 10 der «Tugendlehre» zu Recht als «Unersättlichkeit im Erwerb» bestimmt. Unser Philosoph hingegen erörtert den Geiz in einer ungewohnten, gleichwohl nicht unzeitgemäßen Hinsicht, nämlich nicht als Verletzung einer Pflicht gegen andere, etwa als mangelnde Wohltätigkeit, sondern als Pflichtverletzung gegen sich selbst. In diesem Sinn hält er für geizig, wer die Mittel zum eigenen «Wohlleben unter das Maß des wahren eigenen Bedürfnisses» einschränkt, also gegen sich selbst geizig ist. Zweifellos gibt es dieses Phänomen. Ob es häufiger als der übliche Geiz vorkommt, ist hier nicht zu überlegen.

Wer bei der Moral an ungeliebte Pflichten denkt, die man zwar notwendig, aber sichtbar widerwillig, «mit umwölkter Stirn», erfüllt, wird vom folgenden, von Kant vertretenen moralischen Gebot überrascht: «Sich selber gütlich tun» und «am Leben ein Vergnügen zu finden». Dass dies nicht unbeschränkt geschehen darf, versteht sich. Ein reines Genussleben kann schwerlich einen moralischen Rang haben, sich, «soweit als nötig ist», des Lebens zu erfreuen, aber doch (§ 29). Entscheidend für eine Philosophie der Selbstbeschränkung ist, dass dafür ein außergewöhnlicher Verzicht geboten ist, der Verzicht auf zu große Verzichte, das Veto gegen eine nicht quantitativ, sondern qualitativ unmäßige, die eigenen Bedürfnisse vernachlässigende Selbstbeschränkung. Insofern spielt das schon mehrfach erwähnte Prinzip «Nichts im Übermaß» auch hier eine Rolle.

Schließen wir mit einem dritten Beispiel, jetzt einer Pflicht gegen andere: mit dem Gebot der Wohltätigkeit, welche Notleidenden zu helfen sucht. Der hier wesentliche Verzicht ist nicht lange zu suchen: Man schränkt seine Mittel zugunsten von Menschen ein, die sich in Not befinden. Und zwar tut man dies rundum freiwillig – nicht wie bei Steuern und anderen staatlichen Abgaben aufgrund rechtlichen Zwangs (wenn auch nachvollziehbar, daher auf einer zweiten Stufe freiwillig). Vorbildlich ist hier nicht schon, wer überhaupt hilft.

Denn Kant sagt in der *Tugendlehre* (§ 31) zu Recht, wer von großem Reichtum etwas abgibt, wer gewissermaßen auf einen geringen Teil seines Überflusses verzichtet, der handelt moralisch gesehen in weit geringerem Maß verdienstlich, als wer von seinem höchst kleinen Besitz noch etwas abgibt. Hier mag man an das sprichwörtliche «Scherflein der armen Witwe» denken, von dem die Bibel spricht (Lukas, Kap. 21, Vers 1–4). Allerdings, fährt Kant fort, «soll man den Aufwand seines Vermögens im Wohltun» besser nicht so weit treiben, «dass man zuletzt selbst anderer Wohltätigkeit bedürftig würde.»

Zweites Zwischenspiel

Verzichte, wo man sie nicht erwartet

Eine gründliche Philosophie der Selbstbeschränkung begnügt sich nicht mit den gewohnten Themenfeldern. Sie geht auf Entdeckungsfahrt und sucht auch dort Verzichte auf, wo man sie üblicherweise nicht erwartet. Drei Gegenstände verdienen hier eine besondere Beachtung: die Toleranz, der Gedanke der unsichtbaren Hand und ein so lebensnotweniges Phänomen wie die Arbeit.

Religiöse und weltanschauliche Toleranz

In der Frühzeit der abendländischen Geistesgeschichte verstand man unter Toleranz eine Art von passiver Tapferkeit. Gemeint war die Fähigkeit und Bereitschaft, unangenehme Widerfahrnisse wie Schmerz, Übel und Leid und weitere Schicksalsschläge gleichmütig zu erdulden, sie zu ertragen. Das Vorbild gibt das Idealbild der einflussreichsten spätantiken Philosophenschule, der Stoa, ab: Dank seiner Leidenschaftslosigkeit, einer inneren Seelenruhe, vermag der stoische Weise auch schwierigste Lebenslagen, selbst ein großes Unrecht, das ihm widerfährt, in Gelassenheit, am besten sogar in Heiterkeit zu ertragen.

Seit langem ist mit Toleranz aber eine Umkehr des Blicks gemeint, das Dulden und Erdulden andersartiger Anschauungen, Handlungsweisen und Lebensformen. Gefragt ist diese Einstellung vor allem in den Bereichen, die für viele Menschen von existentieller Bedeutung sind, in der Religion mitsamt ihren unterschiedlichen Konfessionen und in den säkularen Entsprechungen, den Weltanschauungen: Ein toleranter Nichtgläubiger duldet gläubige Menschen, wobei selbstverständlich auch die Umkehrung gilt, dass der, der an Gott glaubt, auch Atheisten achtet. Sinngemäß trifft das auf die Beziehungen von Christen, Juden und Muslimen zu und innerhalb des Christentums auf das Verhältnis von Katholiken und Protestanten.

Generell sind bei der Toleranz zwei Stufen zu unterscheiden. In der Elementarform, einer eher passiven Toleranz, werden andere Überzeugungen nur widerwillig geduldet, etwa mangels der Macht, sie zu unterdrücken. In der gesteigerten Gestalt gilt erst der als tolerant, der das andere, sogar ziemlich Fremde aus freien Stücken achtet und anerkennt. Offensichtlich ist allein diese Form, die aktive, wo nötig auch kreative Toleranz vorbildlich.

Im Rahmen der Religionen gibt es hinsichtlich der Frage von Toleranz und Intoleranz große Unterschiede. Generell neigt der Glaube an eine Vielzahl von Gottheiten, der Polytheismus, weniger zur Intoleranz als der Monotheismus und dessen Konfessionen, die eine einzige Gottheit annehmen. Obwohl nun Intoleranz eher vom Christentum und dem Islam bekannt, auch dem Judentum nicht ganz fremd ist, finden sich in deren heiligen Texten durchaus Aufforderungen zur Toleranz, im Christentum beispielsweise das Gleichnis vom Unkraut unter dem Weizen (Matthäus Kap. 13, Vers 24–39 und 36–43). Nicht zuletzt demonstriert dessen Religionsstifter, Jesus, mit seinem Verhalten wahre Toleranz insofern, als er zur Nachfolge einlädt, nicht zwingt.

Wie und warum das Christentum, auch das reformatorische, immer wieder eine freiheitsfeindliche, selbst Leib und Leben der Abweichler bedrohende Intoleranz pflegt, ist schon vielfach untersucht worden und keine hier zu vertiefende Aufgabe. Zwei kleine Vermutungen seien aber erlaubt. Zum einen besteht die Gefahr, eine Lebensart wie das asketische Mönchstum oder die eigenen Glaubensvorstellungen für «allein seligmachend» zu halten. Zum anderen könnten manche Menschen, insbesondere solche in politischen Funktionen, der Ansicht sein, mittels Intoleranz ihre Macht zu verstärken.

Ebenso wenig ist an dieser Stelle zu erörtern, aus welchen teils wirklichen Überzeugungen, teils nur wirtschaftlichen, gesellschaftlichen und politischen Vorteilen, jedenfalls letztlich pragmatischen Gründen sich zumindest im Westen die Toleranz durchsetzt. An folgende Gründe sei aber erinnert: Die personellen und materiellen, nicht zuletzt emotionalen und sozialen Kosten der frühneuzeitlichen Religionskriege waren so hoch, dass ein aufgeklärtes Selbstinteresse sie zu überwinden gebot. Ob man an eine wirtschaftliche oder an eine wissenschaftliche, kulturelle und politische Blüte denkt: Es ist die Toleranz, die sie ermöglicht, und die Intoleranz, die sie erschwert oder sogar unmöglich macht.

Für einen Essay zur Selbstbeschränkung aber wichtiger ist, dass für die Toleranz das Moment des Verzichts wesentlich erscheint: ein Verzicht darauf, den Mitmenschen die eigenen Lebens- und Glaubensvorstellungen aufzuzwingen. Die dafür erforderliche Selbsteinschränkung braucht es nicht erst auf der zweiten und vorbildlichen Stufe der Toleranz, sondern schon auf ihrer Elementarstufe. Selbst gemäß dieser ersten Stufe darf sich nämlich nicht schon derjenige tolerant nennen, der sich für Fragen von Religion und Weltanschauung, auch von Moral nicht interessiert, folglich ihnen gegenüber gleichgültig ist. Wer für diese Wirklichkeitsbereiche keine eigenen Überzeugungen hat, darf für sich Toleranz nicht beanspruchen.

Toleranz ist kein Alibi für einen partiellen oder vollständigen Nihilismus. Es genügt auch nicht die Haltung eines unbeteiligten Beobachters fremder Kulturen und Verhaltensweisen: Einem Sozialwissenschaftler ist die neutrale Beobachterhaltung zwar nicht bloß erlaubt, sondern aus methodischen Gründen, um einer objektiven Forschung willen, sogar geboten; sie verdient aber nicht die im Begriff der Toleranz liegende sittliche Wertschätzung. Zum bloßen Begriff der Toleranz gehört nämlich als Voraussetzung, eigene Überzeugungen zu haben, deshalb gewisse Denk- und Verhaltensweisen für gut und richtig zu erachten und trotzdem die davon abweichenden, ihnen vielleicht sogar widersprechenden Überzeugungen zu respektieren.

Tolerant ist beispielsweise, wer mit Marx die Religion als Opium für das Volk einschätzt oder mit Nietzsche Gott für tot hält und dennoch Mitmenschen, die religiös sind und an Gott glauben, nicht bemitleidet oder gar verachtet, sondern anerkennt. Selbst die in moralischer beziehungsweise sittlicher Hinsicht anspruchslose Elementarform der Toleranz verzichtet darauf, den eigenen Maßstab für Gut und Richtig für den einzig anerkennungswürdigen Maßstab zu halten.

Manche Autoren, beispielsweise Herbert Marcuse, halten die Toleranz für repressiv, da sie seitens der Unterdrückten eine Duldung der Unterdrücker beinhaltet. In Wahrheit findet sie an Phänomenen wie Unterdrückung und Ausbeutung ihre Grenze.

Vielleicht gibt es eine Art natürlicher Neigung zur Intoleranz, da man sich selbst gern für den Mittelpunkt der Welt und seine Ansichten für selbstverständlich richtig hält. Auch darf man nicht die aggressiven und destruktiven Triebwünsche vieler Menschen verharmlosen oder gar leugnen. Gegen derartige innere Widerstände muss dann die Toleranz abgerungen werden. Insofern ist Toleranz ein Zeichen von Ich-Stärke. Aus diesem Grund sollte man auf Intoleranz nicht bloß mit Verachtung reagieren. Ohne deshalb Intoleranz anzuerkennen, sollte man eher dazu beitragen, den Betreffenden zu Ich-Stärke und intoleranten Gesellschaften und Kulturen zur Überwindung ihrer Ressentiments zu verhelfen.

Auf ihrer Grundstufe erkennt die Toleranz nur widerwillig das Lebensrecht andersartiger Gruppen, Wert- und Lebensvorstellungen an. Die höhere Stufe, die wahre Toleranz, geht einen Schritt weiter. Sie sucht im Andersartigen so weit wie möglich einen Wert zu entdecken – die entsprechende Toleranz ist neugierig auf das andere –, diesen Wert anzuerkennen und ihm mindestens ein berechtigtes Lebensrecht einzuräumen.

Warum ist Toleranz eine vorbildliche Lebenshaltung? Die Rechtfertigungsgründe dafür sind nicht lange zu suchen. Das pragmatische Argument besteht im schon erwähnten aufgeklärten Selbstinteresse, nämlich in einem wechselseitigen Vorteil: Nur auf die Weise der wechselseitigen Duldung können Menschen unterschiedlicher Religionen, Weltanschauungen und anderer ihnen existentiell wichtiger Überzeugungen friedlich miteinander leben.

Der tiefere Grund liegt in der Einsicht, dass kein Mensch schlechthin vorurteils- und irrtumsfrei ist. Hinzu kommt eine doppelte Überzeugung: dass es eine beinahe unendliche Zahl menschlicher Denk- und Lebensmöglichkeiten gibt, die zudem das Menschsein bereichern, weshalb jede einzelne von ihnen als begrenzt berechtigt einzuschätzen ist. Noch wichtiger ist aber die Rechtfertigung aus dem Gedanken der unverzichtbaren und unveräußerlichen Grund- und Menschenrechte: Jede einzelne Person hat das Recht, sein Leben nach den eigenen Vorstellungen zu führen – vorausgesetzt, dass diese dasselbe Recht aller anderen nicht beeinträchtigen.

Wegen ihrer für ein gerechtes Zusammenleben nicht aufgebbaren Bedeutung ist die Toleranz in ihrer rechtlichen und politischen Gestalt zu einem festen Bestandteil demokratischer Rechtsstaaten geworden. Klugerweise tauchen sie dort aber in jener bescheideneren Formulierung auf, wie sie etwa aus der deutschen Verfassung, dem Grundgesetz, bekannt ist. Einschlägig ist dort schon Artikel 1, der die «Würde des Menschen» für «unantastbar» und die «Menschenrechte» für «unverletzlich und unveräußerlich» erklärt. Denn beide Aussagen gelten für jeden Menschen, unabhängig von seiner Religion oder Weltanschauung, einschließlich der bewussten Religionslosigkeit.

Das Bekenntnis des Grundgesetzes zur Toleranz setzt sich im Artikel 2 fort, der unter anderem jedem «das Recht auf die freie Entfaltung seiner Persönlichkeit» zubilligt, mit der selbstverständlichen Ergänzung, «soweit er nicht die Rechte anderer verletzt und nicht gegen die verfassungsmäßige Ordnung» verstößt. Ebenfalls toleranzerheblich ist Artikel 3, der erklärt: «Niemand darf wegen seines Geschlechts, seiner Abstammung, seiner Rasse, seiner Sprache, seiner Heimat und Herkunft, seines Glaubens, seiner religiösen oder politischen Anschauungen benachteiligt oder bevorzugt werden.» Nicht zuletzt sind nach Artikel 4 die «Freiheit des Glaubens, des Gewissens und die Freiheit des religiösen und weltanschaulichen Bekenntnisse (...) unverletzlich» und wird die «ungestörte Religionsausübung (...) gewährleistet».

Zum Wesen der Toleranz, jetzt als persönliche Haltung verstanden, gehört die Fähigkeit und Bereitschaft, die eigenen Anschauungen und Lebensvorstellungen, selbst wenn man die Anschauungen sich gründlich überlegt und die Lebensvorstellungen mühsam erarbeitet hat, angesichts der andersartigen der Mitmenschen zu relativieren. Darin liegt ein Moment von Verzicht, den zu praktizieren kaum leichtfällt. Eher handelt es sich um eine Belastung, weshalb die Toleranz der Fähigkeit bedarf, die mit dem Verzichten einhergehende, in der Selbstbeschränkung enthaltene Belastung zu verarbeiten.

Weil dieser Punkt so wichtig ist, sei er wiederholt: Um tolerant sein zu können, muss man über ein beträchtliches Maß an Ich-Stärke verfügen. Weil zum Wesen der Toleranz eine erhebliche Selbstbeschränkung gehört, beinhaltet diese auch eine erhebliche Form der Selbstüberwindung. In der Sprache der Psychologen, etwa von Alexander Mitscherlich 1974, muss sie zerstörerischen Triebwünschen abgerungen werden. Damit das gelingen kann, bedarf es der Arbeit an sich selbst, damit am Ende die nötige Ich-Stärke gewonnen wird.

Diese ist vor allem für die aktive und kreative Gestalt der Toleranz erforderlich. Denn dann hat man die Interessen und Ansichten anderer nicht nur widerstrebend, sondern rundum und frei, «aus vollem Herzen» anzuerkennen, obwohl sie doch von den eigenen eventuell stark abweichen. So muss beispielsweise, es sei hervorgehoben, wer tiefgläubig ist, sich mit der Lebenseinstellung eines bekennenden Atheisten und umgekehrt der überzeugte Gottesleugner, vielleicht sogar Gottesverächter sich mit jemandem auseinandersetzen, der von einem nicht minder überzeugten Gottvertrauen geprägt ist. Wer hingegen in Glaubens- und Weltanschauungsfragen weithin gleichgültig ist, darf sich nicht einbilden, besonders tolerant zu sein. Die Toleranz ist bei ihm vielmehr arbeitslos.

Weil es auf Ich-Stärke ankommt, ist es, auch das sei bekräftigt, kein Zeichen von Toleranz, sich über intolerante Personen zu entrüsten und sich selbst für einen besseren Menschen zu halten. Eher verfügt derjenige über wahre Toleranz, der die Haltung der Intoleranz kompromisslos ablehnt und sich trotzdem nicht für moralisch überlegen hält. Wahre Toleranz duldet weder Diskriminierung noch Unterdrückung und Ausbeutung. Sie empfiehlt aber, sich zu überlegen, warum gewisse Personen oder Gruppen so wenig Ich-Stärke besitzen, um aus dem Wissen der entsprechenden Defizite zu deren Überwindung beizutragen. Für einen solchen Beitrag kann es unterschiedliche Motive geben, etwa das schon genannte aufgeklärte Selbstinteresse, das weit mehr zu leisten vermag, als mancher Moralist vermutet. Auch schadet es nicht, mit der Mentalität der bekannten Menschen zu operieren, als nur auf einen neuen Menschen zu hoffen. Das aufgeklärte Selbstinteresse weiß jedenfalls, dass eine weniger intolerante Gesellschaft stärker gedeiht.

Ein anderes, nicht mehr vom Selbstinteresse geprägtes Motiv – man darf es Menschenliebe oder Philanthropie nennen – gibt sich mit pragmatischen Vorteilen nicht zufrieden. Es will nämlich möglichst jeder Person zu der für die Toleranz erforderlichen Ich-Stärke verhelfen. Denn wegen des Ideals der Menschenwürde, die nach Überzeugung unserer konstitutionellen Demokratien allen Menschen zukommt, liegt es nahe, allen Menschen zu helfen, die für die Realität des Ideals notwendige Ich-Stärke auszubilden. Gelingt dies, so kommt es allen Menschen zugute, womit wir zum aufgeklärten Selbstinteresse zurückkehren: Wenn – nahezu – alle Menschen über die Toleranz ermöglichende Ich-Stärke verfügen, spart man sich die Mühen der Auseinandersetzung mit intoleranten Mitmenschen.

Die kleine Toleranz: Sich nicht einmischen

Die Lebenserfahrung lehrt, dass einigen Menschen ihre Mitmenschen vollständig gleichgültig sind. Was die anderen denken, was diese tun und lassen, auch wenn sie dabei wieder andere sichtbar beeinträchtigen, ihnen sogar schaden, wenn sie beispielsweise andere beleidigen, bestehlen oder gegen sie gewalttätig werden, lässt sie unberührt, bildlich gesprochen kalt. Ihnen fehlt jede Anteilnahme an ihrer sozialen Umgebung; alles Mitgefühl für andere ist ihnen fremd. Diese Menschen, denen es derart stark an der Empathie genannten Fähigkeit mangelt, sich in die Lebenssituation anderer einzufühlen, sind offensichtlich menschlich schwer zu ertragende Egoisten.

Anders verhält es sich bei der angeblichen Gegenhaltung zur Empathie, die neuerdings Ekpathie genannt wird. In Wahrheit ist sie aber eine vernünftige Korrektur: Um sich und seine engen Mitmenschen vor einem Zuviel zu schützen, hüte man sich, auf andere zu stark einzugehen oder sich von ihnen zu deren Vorteil beeinflussen lassen. Auch wenn es dazu wieder keine schlichten Handreichungen oder Rezepte gibt, ist die vernünftige Haltung ziemlich klar: Statt gegen seine Mitmenschen und deren Los gleichgültig zu sein, fühle man mit ihnen, lasse sich aber nur so weit auf die anderen ein, wie man von ihnen – ob bewusst oder unbewusst, ist vom Ergebnis her gesehen nebensächlich – nicht manipuliert wird.

Ein besonderes Thema in diesem Bereich ist, was im Gegensatz zur großen, weltanschaulichen Gestalt die kleine Toleranz heißen mag: Wo man weder selbst betroffen ist, noch ein anderer Hilfe benötigt oder ihm geschadet wird, mische man sich in fremde Angelegenheiten nicht ein. Bei Angelegenheiten, mit denen man eigentlich nichts zu tun hat, sollte man nicht trotzdem redend oder handelnd eingreifen. Auch wer innerlich nicht begeistert ist, vielleicht sogar die sprichwörtliche Nase rümpft, behalte das für sich und gebe nicht den Schulmeister, der alles besser weiß und sein Besserwissen fleißig kundtut.

Umgänglicher und humaner ist es, die Dinge seinen Mitmenschen zu überlassen: beispielsweise ihren Stil, sich zu kleiden, die Haare zu frisieren und zu färben, sich zu piercen oder tätowieren, wie sie möchten. Auch gegen ihr Verhalten und gegen ihre Ansichten, sofern sie nicht beleidigend sind, gegen ein spezielles Partnerverhalten oder Single-Dasein und weitere Eigenarten sollte man tolerant sein. Warum sollte man nicht sogar neugierig sein, überdies sich denken: «schön, dass es so etwas gibt», – auch wenn so etwas aus der Perspektive einer grundlegend anderen Herkunft, Geschmacksansicht, Lebenseinstellung und Generation zunächst schwerfallen mag. Denn: Warum sollte man eingreifen oder auch nur einen abfälligen Kommentar abgeben, statt seinen Mitmenschen die Freiheit zum Anderssein einzuräumen?

Gesteigert, vielleicht auch vollendet wird diese kleine Toleranz durch eine Weitherzigkeit, die sich für vielerlei Unterschiede offenhält und den Mitmenschen das Recht auf Eigenarten und Eigentümlichkeiten, selbst auf Verschrobenheiten und Skurrilitäten zubilligt. Hierzu kann man sich den niederländischen Philosophen Spinoza zum Muster nehmen, der im *Tractatus politicus* erklärt: «Ich habe mich bemüht, die menschlichen Handlungen nicht zu belachen, nicht zu betrauern und nicht zu verabscheuen, sondern zu verstehen.» Ein anderes Vorbild gibt der irische Schriftsteller Jonathan Swift in seinen *Entschließungen für mein Alter* ab. Dort empfiehlt er: «Nicht freigebig mit gutem Rat sein, (…) es sei denn», was bekanntlich weit seltener der Fall zu sein pflegt, «man wünscht ihn». Noch weniger sollte man anderen tun, was man schon für sich häufig nicht kann: die Welt erklären.

Eine unsichtbare Hand

Dieser Ausdruck stammt vom berühmtesten Ökonomen, dem schottischen Volkswirtschaftslehrer und zunächst Moralphilosophen Adam Smith. Nach einem vielzitierten Passus aus der voluminösen Abhandlung *Vom Wohlstand der Nationen* kann man nicht nur, sondern muss sogar, will man den Hunger in der Welt überwinden und den Menschen zu Wohlstand verhelfen, auf edle Ziele verzichten. Stattdessen verlasse man sich auf das aufgeklärte Selbstinteresse: «Nicht vom Wohlwollen des Metzgers, Brauers und Bäckers erwarten wir das, was wir zum Essen brauchen, sondern davon, dass sie ihre eigenen Interessen wahrnehmen. Wir wenden uns nicht an ihre Menschen-, sondern an ihre Eigenliebe, und wir erwähnen nicht die eigenen Bedürfnisse, sondern sprechen von ihrem Vorteil» (1. Buch, 2. Kap.).

Diesen Mechanismus, mittels bewusster Eigeninteressen unbewusst das Gemeinwohl zu fördern, bezeichnet Smith bildlich als eine «unsichtbare Hand» («invisible hand»: 4. Buch, 2. Kap.). Wollen Geschäftsleute und Unternehmer ihrem Gemeinwesen dienen, dann sollen sie Smith zufolge sich diesen Dienst nicht unmittelbar vornehmen. Lieber sollen sie ihr Unternehmen erfolgreich führen, also den öffentlich gern geschmähten Profit suchen, statt sich ausdrücklich auf ein Gemeinwohlzweck zu verpflichten, den man neuerdings nur *purpose* zu nennen liebt. Für diesen sind nämlich andere, insbesondere die Politik sowohl zuständig als auch, hoffentlich, sachverständig. Wo es trotzdem geschieht und man etwa den Umwelt- und Klimaschutz, die Demokratisierung aller Staaten und die Anerkennung von Grund- und Menschenrechten zu seinem Geschäftszweck erklärt, dort pflegt man eine – allenfalls PR-freundliche – Heuchelei.

Zu suchen, das versteht sich für Smith und jeden erfahrenen Geschäftsmann, ist ein nachhaltiger Gewinn, also ein auf Dauer ausgerichteter Profit. Wie wir beim Blick auf den Kapitalismus gesehen haben, braucht es seinetwegen eine weitere, auf den ersten Blick überraschende, beinahe kuriose Selbsteinschränkung. Zu verzichten ist hier nicht etwa auf eine direkte Gemeinwohlorientierung. Einzuschränken ist vielmehr der bloß kurzfristig gesuchte Profit.

Aus diesem Grund kann das, was seit einiger Zeit bei Aktiengesellschaften üblich geworden ist – der Zwang für die Unternehmensvorstände, alle drei Monate öffentlich Rechenschaft abzulegen, diese Herrschaft der Quartalsberichte, noch mehr der tägliche Blick auf den Kurs der eigenen Aktie –, selbstzerstörerisch und kontraproduktiv sein.

Die Frage, wie weit Smith mit seinen Grundgedanken Recht hat, ob also der in freiheitlichen Staaten tatsächlich gepflegte freie Markt, sofern er seitens der Politik in einen gut ausgebauten Sozialstaat eingebunden wird, dem Gemeinwohl am meisten dient, steht erneut hier nicht zur Diskussion. Entscheidend ist die strukturelle Einsicht: Für einen zumindest plausiblen, für viele sogar hochplausiblen Vorschlag, das Gemeinwohl zu befördern, ist ein Verzicht vonnöten: Nur Geschäftsleute, die zumindest in ihrer tatsächlichen Geschäftspraxis auf noble Zwecke verzichten, diese höchstens zur Förderung ihrer Geschäfte, also erneut aus Eigeninteresse, zu (Neben-)Zwecken erklären, dienen mit den Arbeitsplätzen, die sie schaffen und erhalten, ferner mit den Gewerbesteuern, die sie entrichten, und mit den eigenen Einkommenssteuern und denen der Belegschaft, dem Gemeinwohl auf Dauer.

Arbeit

Während der Verzichtscharakter bei den Kardinaltugenden offensichtlich und bei Fragen der Toleranz und des Gemeinwohls nicht schwer herauszufinden ist, hat in den überlieferten Theorien der Selbstbeschränkung ein weiteres Themenfeld noch nicht den selbstverständlichen Platz gefunden, den es verdient. Es ist die Arbeit, die – obwohl sie selbst dort, wo sie eine Selbstentfaltung erlaubt und überdies Spaß macht – ohne mannigfache Anstrengung und nicht wenige Mühsal kaum auskommt. Tatsächlich ist sie für die Möglichkeit, Mensch zu sein, noch elementarer als die erwähnten Tugenden. Streng genommen erleichtern die Tugenden das Menschsein, während die Arbeit es überhaupt erst möglich macht, und dafür ist ein Verzicht unverzichtbar, der noch elementarer ist als die üblichen Anstrengungen und Mühen.

Ursprünglich bezeichnet Arbeit eine schwere körperliche Tätigkeit, für die ein Waisenkind, weil sonst niemand für seinen Lebensunterhalt sorgte, verpflichtet war. Später bleibt nur der Gesichtspunkt der schweren körperlichen Tätigkeit erhalten. Verblasst ist hingegen jene Mühe und Last, die an Not und Qual grenzt, die in den lateinischen und englischen Ausdrücken von «labor» sowie «labour» mitschwingt und die an die Strafe denken lässt, welche wegen des Verstoßes gegen das göttliche Wort, vom Baum der Erkenntnis zu essen, nach dem biblischen Schöpfungsbericht über die Menschen verhängt wird: «im Schweiße deines Angesichts sollst du dein Brot verzehren» (Genesis, Kap. 3, Vers 19).

Der religiöse Hintergrund ist für das Wesen der Arbeit aber nicht wesentlich. Selbst die körperliche Mühe und Last kann in den Hintergrund treten, sobald die Menschheit mit ihren Versuchen, die Arbeit zu erleichtern, noch erfolgreicher geworden ist. Abzuschaffen vermag sie die Arbeit aber nicht. Denn ohne sie kann der Mensch die für sein Leben, und zwar schon für das nackte Überleben, notwendigen Mittel wie Nahrung, Kleidung und Wohnung sich nicht beschaffen. Denn dem Menschen, diesem Bedürfniswesen, fliegen die Mittel zur Befriedigung seiner Bedürfnisse nicht zu wie im Schlaraffenland die fertig gebratenen Würste in den Mund.

Nach einer über Jahrhunderte das Abendland beherrschenden, aus anderen Kulturen ebenso bekannten Vorstellung wird die für eine bestimmte Gesellschaft notwendige Arbeit einer besonderen Bevölkerungsgruppe überantwortet. Dann sind es ausschließlich «die anderen», nämlich die in den Status von Knechten, Mägden oder sogar von Sklaven Gezwungenen, welche die für alle überlebensnotwendigen Tätigkeiten verrichteten. Man selbst widmet sich nämlich lieber den als Gegenteil von Arbeit eingeschätzten Mußetätigkeiten. Statt in der Welt der Notwendigkeit lebt man in jener Welt der Freiheit, in der Aktivitäten wie die Wissenschaft und die Philosophie, wie die Kunst, der Gottesdienst und die Politik gepflegt werden.

Trotzdem bleibt für die Menschheit insgesamt die Arbeit lebensnotwendig. Ohnehin hat sich in der wirtschaftlichen und gesellschaftlichen Wirklichkeit die skizzierte Trennung einer Welt der Notwendigkeit, in der die Arbeit vorherrscht, von einer Welt der Freiheit, in der man Muße pflegt, längst verflüssigt. Vor allem in demokratischen Rechtsstaaten füllt der Bürger in der Regel, wenn auch durch den Gedanken eines Bürgerlohns aufgeweicht, beide Rollen aus. Er ist nicht bloß in der «edlen Rolle» des politischen Souveräns tätig, des Citoyen, also Staatsbürgers, der sich bei Abstimmungen und Wahlen beteiligt, vielleicht sogar in der Öffentlichkeit auftritt, zumindest in der Bürgergesellschaft mitwirkt. Er widmet sich auch der schlichten Aufgabe des Bourgeois, mithin des Wirtschaftsbürgers, der als Arbeiter, Angestellter, Beamter oder Unternehmer für seinen Lebensunterhalt arbeitet und der mit Steuerzahlungen das Gemeinwesen in die Lage versetzt, seine vielfältigen, im Laufe der Generationen mehr und mehr gewachsenen Staatsaufgaben zu erfüllen. Hinsichtlich des zeitlichen, auch des emotionalen und sozialen Engagements steht sogar bei den meisten Bürgern, bewusst oder unbewusst, die Rolle des Wirtschaftsbürgers im Vordergrund.

In der entsprechenden Entwicklung tritt nun ein hohes Maß an ökonomischer, sozialer und politischer Demokratisierung zutage. Sie beläuft sich auf nichts weniger als eine revolutionäre Umwertung der Werte: Mußetätigkeiten haben im Verhältnis zur Arbeits- und Berufswelt erheblich an Wertschätzung verloren. Weitgehend parallel dazu hat sich der Charakter der Arbeit verändert. Immer mehr Tätigkeiten erfordern einen immer noch wachsenden Anteil an kognitiven und sozialen Fähigkeiten. Infolgedessen enthält das eigene Arbeiten mitsamt der teils vorlaufenden, teils begleitenden Bildung und Ausbildung eine Fülle von Chancen der Selbstentfaltung, der Selbstverantwortung und der Selbstverwirklichung.

Heute erfüllt die Arbeit einen bunten Strauß von Funktionen: Als eine Quelle des persönlichen Einkommens trägt sie zum Lebensunterhalt, nicht selten zu einem sicheren, vielleicht sogar großzügigen Lebensunterhalt bei. Mit dem Erwerb von Kenntnissen, Fertigkeiten und Fähigkeiten, einschließlich Sozialkompetenzen, fördert sie die Entwicklung der Persönlichkeit und der sozialen Identität. Als Ort der Zusammenarbeit, aber auch des Wettbewerbs verhilft sie zur Selbstachtung und zur Anerkennung durch die Mitmenschen. Auf der Ebene des Gemeinwesens dient sie dessen wirtschaftlichem Wachstum und Wohlstand. Wegen dieses enormen Potentials für das persönliche und gesellschaftliche Wohl empfiehlt sich einer Gesellschaft, für beides zu sorgen, für möglichst viele, überdies qualifizierte Arbeitsplätze und für die Bereitschaft der Bürger, sich für eine Arbeit zu qualifizieren und Arbeitsangebote anzunehmen.

In dieser facettenreichen Arbeits- und Berufswelt spielt der Verzicht mehr als nur eine Nebenrolle. Die erforderliche Selbstbeschränkung beginnt mit einer Aufgabe, die in einem an Sozialstaatlichkeit reichen, mit Ansprüchen an die Bürger aber zögernden Gemeinwesen immer wieder in den Hintergrund tritt, nämlich die Aufgabe, sich um seinen Lebensunterhalt möglichst selbst zu sorgen. Dabei, das lässt sich nicht vermeiden, muss man auf mancherlei Bequemlichkeit verzichten:

Selbst wenn die Arbeit nicht mehr im sprichwörtlichen Schweiße unseres Angesichts stattfindet, setzt sie voraus, was doch der eine oder der andere nicht hinreichend beachtet: in der Biographie den rechtzeitigen Erwerb der erforderlichen Kompetenzen und im Lebensstil eine Leistungsbereitschaft, mitsamt der zu Unrecht belächelten «bürgerlichen Tugenden» wie Fleiß, Sparsamkeit, Ordnungsliebe und Pünktlichkeit. Schließlich braucht man immer wieder eine berufliche, geographische und soziale Mobilität. In all diesen Hinsichten kommt man schwerlich ohne Verzichte aus. Zu verzichten ist jedenfalls sowohl auf eine geringe Lernbereitschaft in Bezug auf eine gute Aus- und Weiterbildung als auch auf ein zu rasches Kapitulieren vor kaum vermeidbaren Mühen und Rückschlägen schon in der Ausbildung, später im Arbeitsleben.

All dem geht ein grundsätzlicher Verzicht voraus, den der Philosoph Hegel in einem seiner berühmtesten Überlegungen auf einen mit geringer Abwandlung noch heute zutreffenden Begriff gebracht hat. Gemäß dem Argument im Kapitel über Herrschaft und Knechtschaft in der *Phänomenologie des Geistes* setzt sich, wer arbeitet, mit einer ihm selbst wesentlich äußeren Welt auseinander. Hegel nennt sie die Natur und erklärt zu Recht, dass, wer sich mit ihr auseinandersetzt, sie eben dadurch nicht unmittelbar genießt. Er verzichtet also auf den unmittelbaren Genuss und erweist sich mit diesem Verzicht als dem bloß Vorhandenen, der Natur im üblichen Verständnis, überlegen.

Nun besteht die in der Arbeit gegenwärtige äußere Welt allgemeiner betrachtet nicht nur aus der naturalen Natur, sondern wesentlich auch aus dem sozialen Umfeld. Nun erfährt man mit den entsprechenden Kollegen oder Mitarbeitern, mit den Geschäftspartnern oder Kunden, auch Konkurrenten im Rahmen seiner (Berufs-)Arbeit nicht unmittelbar das, was für soziale Beziehungen wesentlich ist wie beispielsweise Anerkennung. Diese wird vielmehr nur mittelbar zuteil. Insofern verzichtet man «notgedrungen» auf deren Genuss, und dieser Verzicht erweist sich im Gegensatz zur gelegentlichen Geringschätzung als ein humaner Gewinn.

Der Arbeit wohnt also ein enormes Potential für Freiheit und Persönlichkeitsentwicklung inne. Seinetwegen sorgt eine kluge Wirtschafts-, Arbeits- und Sozialpolitik, ergänzt um die erforderliche Bildungspolitik dafür, dass niemand, der arbeiten kann, auf Arbeit verzichten muss, aber auch niemand auf sie verzichten darf. Angesichts der überragenden emotionalen und sozialen, eben nicht nur ökonomischen Bedeutung für jedermann ist es ungut, wenn sich eine Lehrerin von Schülern sagen lassen muss: «Warum arbeiten Sie eigentlich? In unserer Familie nimmt niemand die Mühen auf sich, trotzdem geht es uns allen auch finanziell bestens.»

Weitere Verzichte

Wer sich für Entdeckungen offenhält, stößt auf weitere Verzichtsthemen, die in unserer Lebenswelt eine bedeutende Rolle spielen. Von ihnen seien hier nur einige erwähnt. Dass die näheren Vorschläge, die ich dazu mache, nicht unkontrovers sind, sei eingeräumt. Es lässt sich aber kaum leugnen, dass die zugehörigen Verzichtsüberlegungen sinnvoll sind.

Ärzte, auch Angehörige müssen Kranken immer wieder

traurige Diagnosen mitteilen. Selbstverständlich verdienen auch Patienten alle Ehrlichkeit. Schon aus Achtung der ihnen doch bleibenden Würde sollte man darauf verzichten, sie, angeblich aus Menschenliebe und Mitleid, zu belügen und ihnen selbst bei einer «tödlichen Diagnose» verharmlosend zuzureden: «Das wird schon wieder.» Oder: «Sie sind bald wieder auf den Beinen.» Ohnehin befürchten viele Patienten oder ahnen, dass es um sie nicht mehr gut bestellt ist. Das auch dann berechtigte Lügenverbot besagt aber nicht, man dürfe oder solle gar die traurige Diagnose lieblos aussprechen. Das rechte Wort zu finden, ist zwar nicht leicht. Die entsprechende Mühe nicht auf sich zu nehmen, zeugt weniger von Mitleid als von Bequemlichkeit.

Verzicht ist auch im Bereich von Architektur, Denkmalschutz und Stadtplanung angebracht: Man greife nicht überall mal radikal, mal kleinlich ein. Beim gegenwärtig beliebten Sturz von Standbildern bedenklich gewordener Personen vergesse man bitte nicht die Folgen der, man muss es einräumen, barbarischen nachreformatorischen Bilderstürmerei, später der zum Teil noch barbarischeren Zerstörungen religiöser und profaner Gebäude durch die Französische Revolution. Von Standbildern und Büsten so menschenverachtender Tyrannen wie Stalin und Mao abgesehen – von Hitler gibt es sie glücklicherweise kaum –, könnte man etwas Nachsicht üben, abgeschwächt durch dort angebrachte Hinweise auf die Kehrseite der betreffenden Personen. Beim Renovieren denkmalgeschützter Gebäude dürfte eine andere Zurückhaltung sinnvoll sein: Aus einer gewissen Ehrfurcht vor deren Alter renoviere man nicht die Patina hinweg.

In Erinnerung, dass der Umbau in autogerechte Orte unsere Städte weder schöner noch lebenswerter gemacht hat, verzichte man bei Änderungen des Stadtbildes auf Radikalität zugunsten von Behutsamkeit.

Selbstbeschränkung ist auch im Umgang mit der überlieferten schönen Literatur sinnvoll. Klassische Romane, Theaterstücke oder auch Kinderbücher mögen für heutige Ohren anstößige Stellen enthalten. Dann empfiehlt es sich, Erläuterungen abzugeben, durch die die vergangenen Redeweisen, auch Vorurteile verständlich werden. Wenn es unbedingt sein soll, mag man sie auch kritisieren. Aus Achtung vor dem literarischen Niveau dieser Texte, die ja nicht aus Zufall oder Willkür den Rang des Klassischen erhalten haben, beckmessere man aber nicht an ihnen herum. Warum sollen wir eine Errungenschaft der Aufklärung, die Aufhebung aller Zensur, aufs Spiel setzen?

Nicht der geringste Grund für einen umsichtigeren, wer will: großzügigeren Umgang mit überlieferter Kunst – ich betone: Kunst – liegt in einem Gerechtigkeitsargument. Es bestreitet nicht, dass es vernünftig, auch gerecht ist, Standbilder von Personen zu demontieren oder Straßen, Institute usw. umzubenennen, weil die damit öffentlich Geehrten diese Ehre nicht mehr verdienen. Denn sie sind in die Geschichte von Kolonialisierung, Unterdrückung, Ausbeutung und Diskriminierung zu deutlich verstrickt.

Im Fall von Kunst wie Dichtung und Gemälden geht es aber um etwas anderes: Weil vermutlich jede Generation andere Kriterien für Anstößigkeit hat, sollte sich keine das Privileg herausnehmen, exklusiv zu wissen, was künstlerisch erlaubt, was verboten ist. Man vergesse doch nicht, dass zu anderen Zeiten Passagen sexueller Freizügigkeit oder Blasphemie gestrichen worden sind. Was spätere Generationen zu den heutigen Begriffen von Anstößigkeit in der Kunst sagen werden, wissen wir nicht. Also pflege man mit dem Verzicht auf Korrekturen eine gewisse Demut und Bescheidenheit.

Ansonsten verfasse man besser neue Erzählungen, Theaterstücke und Kinderbücher literarischen Rangs. Glücklicherweise gibt es doch immer wieder, auch heute große Schriftsteller, derentwegen wir weder künstlerische noch kunstpolitische Langeweile befürchten müssen: Kreative Autoren werden schon unseren bisherigen Blick auf die Sprache und die verschiedenen Facetten der Welt teils erweitern, teils umstoßen – und nicht selten, was man ihnen danken soll, auf eine Weise, die für den herrschenden Zeitgeist anstößig sein wird.

Schließlich seien einige Hinweise zur Sprache erlaubt. Politiker und andere öffentliche Personen mögen Worthülsen und Plastikwörter, obwohl sie sich gern aufdrängen, lieber vermeiden. Auch sollten sie mit nicht zu vielen Fremdwörtern auskommen. Denn sie erschweren den nicht so gebildeten Schichten das Verständnis, schaffen also eine Barriere, gegen die der Standpunkt der Demokratie Einspruch erhebt.

Nicht wenige Fremdwörter bauschen zudem den gemeinten Sachverhalt auf oder verzerren ihn sogar. Wo beispielsweise die höhere Lebenserwartung von Akademikern zu einem «Status-Syndrom» erklärt wird, liegt man mit beiden Bestandteilen falsch: Weder handelt es sich, was der Ausdruck «Syndrom» meint, um ein Krankheitsphänomen, noch ist das Akademikersein ein Status, es verweist lediglich auf einen Hochschulabschluss.

Weiterhin dürfte man bei neuartigen Sachverhalten, beispielsweise im Bereich der Informationstechnik und im Bankenwesen, versuchen, für die englischen Fachausdrücke, die sich im Englischen, aber nicht im Deutschen an die Umgangssprache anschließen, Wörter zu finden oder zu erfinden, die die eigene Sprache bereichern und je nach Fantasie und Originalität geradezu poetisch anmutende Alternativen entdecken. Große Schriftsteller können so etwas. Auch wenn sich der Ausdruck kaum durchsetzen wird, den Thomas Hürlimann in seinem Roman *Der rote Diamant* für einen dementen Fürstabt verwendet, klingt er doch ebenso treffend wie schön: der Dämmerer.

Und: Dass früher aus dem Trottoir der Gehweg oder Bürgersteig und aus dem Perron der Bahnsteig wurde oder dass man heute auch einmal vom Rechner statt vom Computer redet, muss man nicht als sprachliche Deutschtümelei von sich weisen. Man kann es auch als Aufforderung zur kreativen Fortbildung der eigenen Sprache verstehen.

Ferner darf man gegenüber Journalisten die Bitte um einen Verzicht äußern, auch wenn die Bitte wohlfeil klingen mag. Seriöse Journalisten kommen ihr trotzdem von sich aus nach, andere hingegen üben diesen Verzicht ungern aus: den Verzicht auf Übertreibungen, die, nach dem Vorbild von Shakespeares *Viel Lärm um nichts*, überall Sensationen wittern. Die Entschuldigung dafür ist bekannt: Wer nicht lärmt, wird nicht beachtet.

Zudem darf man noch etwas anderes erbitten: eine Einschränkung von Parteilichkeit. Jung und attraktiv muss nicht immer wichtiger als erfahren und älter sein. Besonders ärgerlich: Bei global tätigen Presseagenturen zählt in Meldungen über Tote in der Regel ein US-Bürger deutlich mehr als ein Europäer und dieser deutlich mehr als ein Afrikaner.

3.

Ein drittes Verzichtsmuster

Menschsein steigern: Lebensideale

Die Muster oder Vorbilder gesteigerten Menschseins heißen Lebensideale. In der Regel versteht man darunter Lebensformen im Superlativ, nicht bloß Steigerungen des Menschseins, sondern nicht mehr überbietbare Höchstformen. Bekannt sind sie nicht nur, wie man vermuten könnte, aus den Religionen, sondern auch aus einem religionsfreien, rein säkularen Denken. Ob ihnen ein Verzicht ganz eigener Art zugrundliegt, wird zu klären sein.

In mancher Hinsicht geht das Ermöglichen von Menschsein in dessen Steigerung nahtlos über. Dabei liegen mehrere Gestalten nahe. Konzentrieren wir uns auf Lebensideale im Superlativ, so finden wir als historisch erste Arten keine religiösen, sondern rein säkulare Ideale. Zu nennen wäre etwa die theoretische Lebensform, der *bios theorètikos* oder die *vita contemplativa*, die sich vom gewöhnlichen Leben der Menschen unterscheidet, dem *bios politikos* im Sinne des Zusammenlebens der Bürger, das von den sittlichen Tugenden getragen wird. Erstaunlicherweise ist es eine Ethik, nämlich die *Nikomachische Ethik* von Aristoteles, in deren Schlussüberlegungen jenes theoretische Lebensideal skizziert wird. Allerdings erklärt Aristoteles in der *Metaphysik* (XII 7, 1072b14 f.) ergänzend, man könne es nur für kurze Zeit in einem vollkommen erfüllten Augenblick praktizieren.

Getragen wird diese Lebensform von einer reinen Wissbegierde. Da sie laut Aristoteles für den Menschen charakteristisch ist, könnte man annehmen, dass von einer Selbstbeschränkung hier keine Rede sein kann. Trotzdem findet ein sogar mehrteiliger Verzicht statt. Zum einen verzichtet der Wissbegierige auf jeden Nutzen. Die *theoria* ist strenger als die heutige Grundlagenforschung weder mittelbar noch unmittelbar auf irgendeinen Vorteil ausgerichtet – außer einem der Theorie internen Gewinn, der darin besteht, die Wissensmöglichkeiten des Menschen zu ihrer Vollendung zu bringen.

Der für die theoretische Lebensform typische Verzicht findet aber hauptsächlich auf eine andere Weise statt. Der von Aristoteles als vernunftbegabtes Lebewesen bestimmte Mensch verzichtet auf die eine Hälfte seiner Bestimmung, nämlich auf seinen Charakter als Lebewesen: Er setzt sowohl seine Bindung an Sinnlichkeit und Leiblichkeit vollständig beiseite als auch seine daran anschließende Natur als soziales und politisches Wesen.

Im anthropologischen Sinn «menschlicher» sind zwei andere Lebensideale: einerseits die von der Besonnenheit nicht weit entfernte Gemüts- und Seelenruhe, nur wenig überhöht zur Lebensweisheit; und andererseits die Formen von Askese, die dann doch religiöser Natur zu sein scheinen. Im Anschluss an die Lebensweisheit werden daher im Folgenden das Fasten behandelt sowie ein Leben gemäß den drei «Prunkworten», der Armut, der Demut und der Keuschheit. Dazwischen schieben sich zwei weitere Lebensweisen: die eine, die in mehr als nur Askese besteht, scheint nicht mehr säkularer Natur zu sein, da sie einem religiösen Vorbild nacheifert und im Beispiel des Christentums fordert, «sein Kreuz auf sich zu nehmen»; die andere wiederum, die Aufklärung, scheint im Gegenteil rein säkularer Natur zu sein.

Ob der Anschein des rein Säkularen oder der des Religiösen sich bestätigt, wird zu prüfen sein. Mitlaufend ist zu überlegen, ob die genannten Lebensweisen tatsächlich das Menschsein steigern. Sollte es für die anscheinend nur religiösen Lebensformen zutreffen, müsste eine säkulare Welteinstellung bedauern, für diese Steigerungsmöglichkeiten verschlossen zu sein. Religionen wiederum sollten sich der Aufklärung selbst dann nicht versperren, wenn sie vor allem einen säkularen Charakter hat: Aus Selbstachtung wäre zu empfehlen, dass sie sich für diese Steigerung des Menschseins offenhalten. Am Ende dieses Kapitels stelle ich Lebensweisheiten verschiedener Kulturen und Epochen vor.

«Ein Gärtchen, Feigen, kleiner Käse und dazu drei oder vier Freunde»

Zwei Lebensideale, die Seelenruhe und die Lebensweisheit, sind aus der Antike bekannt, aber nicht schon deshalb überholt. Ihre geistesgeschichtliche Herkunft soll zwar nicht unterschlagen werden, geht aber kaum in eine auch heute noch aktuelle Philosophie der Selbstbeschränkung ein. Entscheidend ist der für die heutige Zeit immer noch gemäße Verzichtscharakter.

Zunächst zur *Seelenruhe*: Dieses Lebensideal geht auf einen spätantiken Philosophen zurück, bei dem man gewöhnlich am wenigsten ein Element des Verzichts erwartet: auf Epikur, der eine für lange Zeit einflussreiche Philosophenschule begründet. Nicht schon zu Lebzeiten, wohl aber später erhält das Wort des Epikureers einen abfällig gemeinten Beigeschmack. Er bezeichnet dann einen Genussmenschen, dessen Ziel, stets die Lust des Augenblicks, gegebenenfalls noch deren Steigerung zu genießen, alle Selbsteinschränkung von sich weist.

In Wahrheit plädiert Epikur zwar für Genuss, bei ihm *hèdonè*, Lust oder Freude, genannt, weshalb die von ihm vertretene Lebensweise auch Hedonismus heißt. Um dessen Kern, eben die Lust, tatsächlich in Sicherheit und auf Dauer zu genießen, muss man aber auf vielerlei nur vordergründige Lust verzichten. Das wahre Genussleben sucht nicht möglichst viel an Ansehen, Macht und Wohlstand. Ihm kommt es allein auf jene Art und jenes Maß an, die den von den Griechen zu Recht benannten zwei Hauptgefährdungen gelungenen Lebens von Grund auf entgehen – Gefährdungen, die den modernen Menschen nicht weniger als den antiken Menschen bedrohen.

Die eine Gefahr besteht im frevelhaften Hochmut und Übermut, der Hybris, welche es unternimmt, die dem Menschsein gesetzten Grenzen zu sprengen. Die andere Gefahr ist das Immer-mehr-Wollen, die Pleonexie. Aus der Einsicht, dass derjenige sich selbst schadet, wer sich der Hybris und der Pleonexie ergibt, folgt, dass man vernünftigerweise besser auf sie beide verzichtet. Einen derartigen Verzicht könnte man als atypischen Verzicht oder als Quasi-Verzicht einschätzen wollen. Achtet man aber auf die Folgen eines Nichtverzichtens auf Hybris und Pleonexie, so dürfte auf diese indirekte Weise der Verzichtscharakter doch zutage treten. Führen wir ein einziges aktuelles Beispiel an: Der Nichtverzicht sowohl auf die Hybris und noch mehr auf die Pleonexie dürften für eine der größten Bedrohungen der Gegenwart mitverantwortlich sein: für die maßlose Nutzung der Natur, die längst einer Überbeanspruchung gleichkommt.

Kehren wir zu Epikur zurück: Auch wenn der in seinem Sinn aufgeklärte Genussmensch es nicht aussprechen muss – seine gelebte Ablehnung von Hybris und Pleonexie ist für ihn kein Selbstzweck. Wie eigentlich bei allen hier erörterten Arten der Selbstbeschränkung nimmt auch dieser Verzicht keinen Verzicht um des Verzichts willen vor, sondern für einen höheren Zweck – bei Epikur: für eine andauernde und sichere Freude, für einen beständigen, aufgeklärten und infolgedessen nachhaltigen Lebensgenuss. Seinetwegen sucht der wahre Epikureer gerade nicht, was man ihm als einem Genussmenschen unterstellt: die größtmögliche sinnliche Lust. Denn diese, so weiß er, ist stets von der Gefahr des Zuviel, einer Pleonexie, und der aus der Begrenztheit menschlicher Verfügungsmacht resultierenden Gefahr, der Hybris, bedroht.

Wer nun dieses gelassen-heitere Genussleben führen will, muss etwas können, was schon die gewöhnliche Besonnenheit braucht: eine Beherrschung der Begierden. Er muss aber noch weit mehr können, weshalb es tatsächlich um eine der in diesem Kapitel erörterten *Steigerungen* des Menschseins geht. Er muss beispielsweise sich innerlich von Ängsten, einschließlich der Angst vor dem Tod, und von grenzenlosem Schmerz freimachen. Er muss fähig sein, sich von äußeren Faktoren nicht erschüttern zu lassen. Dann, aber auch nur dann, wenn man von allem frei geworden ist, das gegen den eigenen Willen geschieht, erreicht man das Höchstmaß an innerer Freiheit. Die gesuchte heitere Gelassenheit besteht in dem Gleichmut der Seele und der Unerschütterlichkeit des Gemüts, die die Griechen *ataraxia* nennen.

Dabei möge man einer Gefahr entgehen, die auch heute droht: Man zelebriere seine Bedürfnislosigkeit nicht, man stelle sie nicht aus Aufmerksamkeitssucht öffentlich zur Schau. Ein von seinem Erfolg her gesehen geniales Vorbild gibt der antike Philosoph Diogenes von Sinope ab. Der bis in die Gegenwart, also über viele Jahrhunderte hinweg gern zitierten Legende nach soll er stolz darauf gewesen sein, als Eigentum nichts als ein Fass beziehungsweise eine Tonne besessen zu haben, in der er wohnte. Man könnte hier an einen Obdachlosen denken – sofern dieser nicht etwa aus Armut, sondern freiwillig so lebt.

Zum eher nachahmenswerten Ideal der Gemüts- und Seelenruhe gehört eine Fähigkeit und Bereitschaft, auch wenn sie beinahe als übermenschlich erscheint: die Haltung, sich von Schicksalsschlägen nicht überwältigen, von ihnen sich nie und nimmer den Lebensmut rauben zu lassen. Am leichtesten erreicht dieses Ideal, wer unter Verzicht auf vieles mit wenigen

Bedürfnissen und mit leicht zu erfüllenden Wünschen zufrieden ist. Einen nicht unwesentlichen Teil dieses Ideals hat Nietzsche in ein treffendes Bild gebracht: «Ein Gärtchen, Feigen, kleiner Käse und dazu drei oder vier Freunde, – das war die Üppigkeit Epikur's» (*Menschliches, Allzumenschliches*, Bd. 2, Nr. 192). Lässt man sich auf die erforderlichen Selbstbeschränkungen ein, dann kann man also in materieller Hinsicht (beinahe) arm sein – und ist trotzdem emotional und sozial gesehen reich.

Um nun zum zweiten Lebensideal zu kommen, so haben wir unter den Kardinaltugenden eine Haltung schon erwähnt, die einige Zusatzüberlegungen verdient. Es ist die Lebensklugheit, die auch *Lebensweisheit* heißt. In so gut wie allen Kulturen versteht man darunter ein außergewöhnliches Wissen und Können, eine Sachkunde, ein «Knowing-that», das sich mit einer Fertigkeit, einem Know-how, verbindet und dabei zu einer praktisch-politischen Urteilskraft gesteigert wird. Gebündelt wird es in einem Ideal, dessen Bezeichnung wir heute nur zurückhaltend verwenden, obwohl es sich auf jene menschlich vollendete Persönlichkeit beläuft, die ihren Vorbildcharakter nicht verloren hat.

Das einschlägige Ideal, das des Weisen, wurde maßgeblich von der einflussreichsten philosophischen Schule der nachklassischen griechischen Antike entwickelt. Es ist die Stoa, deren Denken – das um die Vorstellung von der Welt als einer vernünftigen Ordnung, als eines wohlgeordneten Kosmos göttlichen Charakters kreist – im römischen Kaiserreich zur beherrschenden Geistesmacht aufsteigt. Später wird sie vom Christentum aufgesaugt und erst in der Neuzeit, in der Epoche europäische Aufklärung, als ein zum Christentum alternatives Denken wiederentdeckt.

Innerhalb einer Philosophie der Selbstbeschränkung strahlt das stoische Ideal überragender Lebensweisheit die Faszination eines Vorbilds aus. Dass man diesem Vorbild nicht leicht nacheifern kann, ist richtig, hat aber nicht die Kraft eines überzeugenden Einwandes. Denn wenn das Ideal leicht zu verwirklichen wäre, fehlte ihm, was ein Ideal auszeichnet, nämlich der Charakter eines das Gewöhnliche weit übersteigenden, in sich nicht mehr verbesserbaren, superlativischen Vorbilds.

Der stoische Weise zeichnet sich durch eine Fähigkeit aus, die auf die üblichen und gewöhnlichen Antriebskräfte, Leidenschaften genannt, verzichtet und diese Verzichtsfähigkeit zur Leidenschaftslosigkeit steigert. Deren Vorbildcharakter wird durch den griechischen Ausdruck für Leidenschaftslosigkeit, *apatheia*, allerdings verdunkelt. Zum Fremdwort der Apathie herabgesunken, versteht man nämlich heute unter dem Ausdruck eine Antriebs- und Gefühllosigkeit, mithin einen alles andere als vorbildlichen Zustand der Teilnahmslosigkeit gegenüber den Mitmenschen und der Gleichgültigkeit gegenüber der Umwelt. Die stoische Apatheia hingegen, der skizzierten epikureischen Seelenruhe nahe, macht sich keineswegs von allen Antriebskräften frei. Sie entmachtet lediglich die von Grund auf widervernünftigen Leidenschaften, damit sie, auf sich selbst und den jeweiligen Augenblick fixiert, einem beständigen, «nachhaltigen», eigenen und zugleich sozialen Wohlergehen nicht im Wege stehen.

Die wahre Leidenschaftslosigkeit ist in einem umfassenden Sinn von allem frei, das dem Menschen gegen seinen Willen widerfährt. Das kann natürlich nicht heißen, der Weise kenne keine Widerfahrnisse, die wie der Tod eines Partners oder Kindes und wie der Verrat eines Freundes ihn unberührt ließe. Denn wenn das der Fall wäre, zeichnete er sich durch eine fraglos schimpfliche und verachtenswerte Teilnahmslosigkeit aus.

Der Weise wird durchaus von schlimmen Schicksalsschlägen betroffen und nimmt sie auch als böse Widerfahrnisse wahr. Er lässt sich aber durch sie nicht entmutigen, findet vielmehr in sich Kräfte, sie zu bewältigen. In den (hier gekürzten) Worten eines der meistgelesenen römischen Philosophen und Schriftsteller, Seneca: «Ein ‹Weiser› besitzt genügend Selbstvertrauen, um es zu jeder Zeit mit dem Schicksal aufnehmen zu können; ausweichen wird er ihm jedenfalls nie» (*Von der Seelenruhe*, hier zitiert nach *Lesebuch zur Ethik*, Nr. 74).

Auch wenn im zweiten Wortbestandteil der Leidenschaftslosigkeit, der «-losigkeit», ein nicht mehr steigerbares Ziel, also ein Superlativ, anklingt, darf man nicht glauben, der entsprechende Weise brauche hinsichtlich der Welt der Leidenschaften einen seelischen Heldenmut, einen emotionalen Heroismus. Denn in dem Fall hätte das Ideal einen wahrhaft übermenschlichen, daher im wörtlichen Sinn utopischen, weil nie und nimmer zu verwirklichenden Charakter. Versuchte man trotzdem, sich ihm anzunähern, so ginge etwas für die Menschheit Wesentliches verloren: ein wissenschaftlicher und kultureller Ehrgeiz, der jene Höchstleistungen in der Forschung und in Literatur, Kunst und Musik hervorbringt, auf die wir ungern verzichten.

Der tatsächlich vorbildliche stoische Weise zeichnet sich durch eine harmonische Gesamtpersönlichkeit aus, die vornehmlich aus sich selbst lebt. Dazu gehört die schon beim Ideal der Seelenruhe gegenwärtige Fähigkeit, sich von äußeren Faktoren, wie gesagt selbst bösen Schicksalsschlägen, freizumachen und aus einer wesentlich inneren Freiheit heraus zu leben. Ihretwegen, dank einer gleichmütigen Kontrolle aller Antriebskräfte und Gefühle, zeichnet sich der Weise durch Sorglosigkeit aus, freilich nicht durch deren gedankenlose, sondern deren in Vernunft gegründete Gestalt. Der stoische Weise versteht sich zudem auf ein vernünftiges Wohlwollen gegen seine Mitmenschen und fühlt sich zu jener engagierten Tätigkeit in der gesellschaftlich-politischen Welt berufen, zu der heute die Mitwirkung in der Bürgergesellschaft, einschließlich der Übernahme von Ehrenämtern, zählt.

Auch wenn in den folgenden Maximen der Verzichtscharakter nicht immer deutlich zutage tritt, bekräftigen sie den Vorbildcharakter des Weisen: Schon die Stoa fordert die Gleichberechtigung von Mann und Frau, mithin denn doch einen Verzicht, den des Mannes auf (unverdiente) Privilegien, ferner das Eigenrecht des Kindes und mit der positiven Bewertung der Arbeit die Aufgabe, im Regelfall für sein Auskommen selbst zu sorgen.

Der stoische Weise verbindet also eine theoretische Überlegenheit mit einer Meisterschaft in praktisch-politischen Dingen. Bei Politikern spricht man dann von einem Staatsmann und versteht darunter nicht – nur – eine Person in einem hohen politischen Amt, sondern jemanden, der sein Amt in einem das gewöhnliche Maß weit überragenden, in einer meisterlichen Weise ausübt. Ohne Frage aber ist die Lebensweisheit, als ein humanes Ideal verstanden, nicht an ein politisches Amt gebunden.

Als Leitbild eines möglichst vollkommenen Menschen kann man sich ihm in allen Berufsgruppen und sozialen Schichten annähern. Über einen engeren Kreis hinaus bekannt wird man freilich in der Regel nur, wenn man ein nicht notwendig politisches, aber doch öffentlich sichtbares Amt bekleidet. Oder man tritt mit – mündlich oder schriftlich vorgetragenen – publikumswirksamen Texten hervor. Am besten eignet sich dafür eine literarische Gattung, die freilich den Höhepunkt ihrer Wirksamkeit und Bedeutung verloren haben dürfte: die Spruchweisheiten oder Aphorismen, die in besonderen Fällen zu klassischen Texten aufsteigen können.

Auch wenn das «Stundenbuch» von John von Düffel, *Das Wenige und das Wesentliche*, aus dem ich am Ende des Abschnitts «Lebensweisheiten» zitiere, kaum den Rang eines klassischen Textes einnimmt, zeigt es doch, dass auch zeitgenössische Autoren noch zu unserem Thema relevante Aphorismen verfassen können. Noch mehr mag es auf die neuerdings einflussreicheren Quasi-Aphorismen zutreffen, auf zündende Lied-, Popsong-, Hip-Hop- oder Rap-Texte – bei denen das Lebensideal der Weisheit und die damit zusammenhängenden Formen des Verzichts aber nicht besonders hoch im Kurs zu stehen scheinen.

Fasten

Der Verzicht auf Nahrung, das Fasten, ist ein vertrautes Phänomen freiwilliger Selbstbeschränkung. Dabei spielt es keine Rolle, ob wir selbst gelegentlich fasten oder eher die Menschen, die fasten, bewundern oder aber belächeln. Fasten heißt, sich eines Genusses zu enthalten. Es besteht im engeren Sinn im Verzicht auf gewisse Arten oder Mengen von Nahrung, in der strengsten Form im vollständigen Verzicht auf sie.

Die einzige Ausnahme, die man auch beim strengten Fasten vernünftigerweise macht, erstreckt sich auf die zum puren Leben unabdingbare Flüssigkeit, dann aber lediglich auf deren bescheidenste, zugleich elementarste Form, das Wasser. Das Fasten in einem weiteren Verständnis erstreckt sich auf den teils vorübergehenden, teils auf Dauer gestellten Verzicht auf andere Dinge als Nahrung, insbesondere auf Genussmittel wie Nikotin, Alkohol oder Süßigkeiten.

Hält man ein so umfangreiches Lexikon wie das dreizehnbändige *Historische Wörterbuch der Philosophie* mit seinen Hunderten und Aberhunderten Einträgen für einen Beleg, so scheint das Fasten keinerlei philosophische Bedeutung zu haben. Weder als Hauptwort taucht es dort auf noch im Register als Verweiswort. Ein exemplarischer Blick in die Werke von zwei nach ihren Themen und Begriffen außergewöhnlich reichen, geradezu enzyklopädischen Denkern bestätigt den Befund: Weder im Kant-Lexikon noch im Hegelregister findet sich der Ausdruck. Und erweitert man die Suche, so wird man auch in den größeren Lexika und Wörterbüchern zur Ethik nicht fündig. Diese negativen Befunde könnten die ohnehin naheliegende Ansicht befördern, dem Fasten jede philosophische Bedeutung abzusprechen und es ausschließlich demjenigen Bereich zuzuordnen, von dem man das Fasten am ehesten kennt: dem Bereich der Religion.

Dass es mit einer spirituellen Komponente verbunden ist und in so gut wie allen Weltreligionen gepflegt wird, ist unbestritten und allseits bekannt: Buddhisten fasten am Tag vor Buddhas Erleuchtung, Christen in den Wochen vor Ostern, Juden vor Feiertagen und an Jom Kippur, dem Tag der Versöhnung. Auch der chinesische Daoismus kennt Formen des Fastens. Schließlich essen und trinken Muslime im Fastenmonat Ramadan tagsüber nichts.

Aber trotz der hohen Bedeutung in den Religionen ist das Fasten selbst in seiner Verbindung mit einer spirituellen Komponente kein lediglich religiöses Phänomen. Zumindest in früheren Zeiten spielt es in europäischen und außereuropäischen Kulturen eine nicht zu verleugnende Rolle. Zum Beispiel gab es bei den Kelten und im alten Irland die Praxis, so lange zu fasten, bis man das, was man von anderen erbeten hatte, auch tatsächlich bekam. Heute wird diese Praxis in manchem Hungerstreik geübt, freilich nicht immer erfolgreich, da einige Personen, statt ihr Ziel zu erreichen, sich im wörtlichen Sinn «zu Tode hungern». Ein anderes Beispiel ist von etlichen Indianerstämmen bekannt, bei denen das Fasten ein Teil des Initiationsritus war: Bevor die jungen Männer in die Stammesordnung aufgenommen wurden, mussten sie einige Zeit auf Nahrung verzichten. In anderen Kulturen pflegten so herausgehobene Berufsgruppen wie Medizinmänner und Schamanen das Fasten, um die erwünschten außergewöhnlichen Kräfte zu erlangen. Nicht zuletzt wurde mancherorts der Nahrungsverzicht für kritische Zeiten wie den Krieg geübt.

Einer Philosophie der Selbstbeschränkung kommt es zwar nicht darauf an, ethnologische (völkerkundliche) Kenntnisse auszubreiten. Die Hinweise sollen jedoch der beliebten Ansicht entgegentreten, das Fasten sei zumindest früher ausschließlich religiöser Natur gewesen. Denn neuerdings ist es in einem weder religiösen noch philosophischen Bereich wohlbekannt: sowohl im zuständigen Geschäftsbereich, etwa in Diät- und Fastenkliniken, als auch in der einschlägigen Ratgeberliteratur und in Anleitungen im Internet. Aus dem großen Sortiment der Ratgeber seien einige wenige Titel herausgegriffen:

Buchinger Heilfasten, Wie Neugeboren durch Fasten, Wunderleicht Fasten, Fasten heilt. Damit der religiöse Hintergrund, zugleich das Vorbild einer weisen Äbtissin nicht zu kurz kommt, gibt es als Ratgeber «natürlich» auch *Hildegard von Bingen – Einfach Fasten* und zu dessen Erleichterung ein sechsteiliges *Hildegard von Bingens Fastenpaket.*

Schließlich will kaum eine Ausgabe von Frauenzeitschriften auf den Vorschlag für eine Fastenkur verzichten. Ob also in Buchform oder in einer Zeitschrift veröffentlicht: Um «seine Figur zu erhalten», um «schlank» zu bleiben oder es wieder zu werden, um nach einem Urlaub oder nach kalorienreichen Feiertagen «überflüssige Pfunde abzuspecken», gibt es immer wieder neue, häufig freilich nur für neu erklärte Diätvorschläge.

Ein Beispiel bietet das ebenfalls schon zuvor bekannte «Rezept» eines immer noch bekannten Politikers. Mit Hilfe von drei Verzichten verlor er in kurzer Zeit seine frühere Wohlbeleibtheit und gewann dabei ein jüngeres und frischeres Aussehen: Man nehme keine Kohlehydrate, keinen Alkohol und nichts Süßes zu sich. Nach einiger Zeit kehrte der Politiker allerdings zu seinem «Urzustand» zurück. Denn die genannten Verzichte widersprachen, wie er selbst sagte, seinem Lebensgefühl und dem Stil seines sozialen Umgangs.

Diese Erfahrung lässt sich unschwer verallgemeinern: Zwischen dem Wunsch, seinen emotionalen und sozialen Lebensstil beizubehalten, und dem Willen, ihn seiner Figur und seinem Aussehen zuliebe einzuschränken, besteht häufig ein Konflikt. Ein bekannter Restaurantkritiker, Jürgen Dollase, hat ihn aus eigener Erfahrung in einem vergnüglich zu lesenden Büchlein *Völlerei. Das große Fressen* auf den Punkt gebracht: «Ich habe erlebt, wo die Schaltstelle für übermäßiges Essen ist und dass man sozusagen Zugriff auf den Schalter hat. Ich könnte, wenn ich wollte. Aber will ich denn überhaupt? Und warum sollte ich wollen?» Die Antwort könnte lauten: Ein wenig doch. Denn ohne Zweifel gibt es Möglichkeiten, ein kulinarisches *Savoir vivre* mit einer nicht stetig wachsenden Beleibtheit zu verbinden. Das schließt nicht aus, mit einem Übergewicht souverän entspannt umzugehen und wie der Schauspieler Rainer Hunold dazu ein Buch zu schreiben: *Ich bin nun mal dick. Ein Wohlfühlbuch.*

Man muss das Fasten nicht zu einem Wundermittel erklären, das vor allen Krankheiten schützt und das Tor zur ewigen Jugend öffnet. Die Vorstellung genügt, die schon vor bald zweieinhalb Jahrtausenden der griechische Arzt Hippokrates vertrat: Hungerphasen fördern die Gesundheit. Dass in unseren Zeiten und Breiten, in denen Supermärkte und Kühlschränke zum ständigen Essen und Trinken verführen, in denen das Überangebot an Nahrung, der «Überkonsum», aber auch der Fast-Food-Fehlkonsum für mancherlei Zivilisationskrankheiten mitverantwortlich ist, der Ruf nach Unterbrechung der steten Kalorienzunahme laut wird, ist daher nicht erstaunlich.

Ebenso wenig darf man sich wundern, dass der Ruf sich in einem blühenden Geschäftszweig entfaltet: Gern unter den anspruchsvollen Titel des «Heilfastens» gestellt, ist der vorübergehende Nahrungsverzicht oder die Einschränkung auf eng definierte Nahrungsmittel wie Gemüsebrühen, Säfte und Tee längst zu einem erfolgreichen Geschäft aufgestiegen. Die Nachfrage, freilich in der Regel nur für besonders Betuchte, nach komfortablen Fastenhotels, nach Wellness in Form von Verzichten, wächst noch immer. Dabei wollen die meisten nur in entspannter Atmosphäre Gewicht verlieren, manche suchen aber auch Hilfe gegen ihre chronischen Erkrankungen.

Offensichtlich gibt es aber nicht nur kostspielige Formen des Fastens. Auch ist es unbestritten, dass viele Diäten, wenn auch nicht alle, außer der Gewichtabnahme auch der Gesundheit dienen: Der Blutdruck normalisiert sich, die Blutfette nehmen ab, bei Diabetikern verbessern sich die Blutwerte, entzündliche Erkrankungen wie Rheuma gehen zurück und vieles mehr. Zu dem in diesem Kapitel erörterten Zweck tragen sie aber bestenfalls in bescheidenen Ansätzen bei: als Fähigkeit, eingefahrene Gewohnheiten zu brechen und die seelische Widerstandsfähigkeit, die psychische Resilienz, zu verbessern.

Ein Fasten, das sich aus- und nachdrücklich auf eine Steigerung des Menschseins verpflichtet, ist dagegen weit anspruchsvoller. Vereinfacht gesagt sucht es, nicht nur den Körper, sondern auch Seele und Geist zu reinigen. Weit über sein Äußeres hinaus will man sich so gründlich und umfassend regenerieren, dass nicht nur der Körper entschlackt, vielmehr die Welt des Fühlens und Denkens ebenfalls erneuert und dort, wo nötig, wieder Lebensmut gewonnen werde.

Wieso aber braucht der Mensch diese Arznei, das Fasten, mit dem er ab und an Leib und Seele zu erneuern sucht? Wem beispielsweise die Tugend der Besonnenheit zur festen Haltung, zum Charaktermerkmal, geworden ist, wer deshalb beim Essen und Trinken und bei den anderen sinnlichen Bedürfnissen schon immer, tagein und tagaus, Maß hält, braucht nicht zu befürchten, worauf sich ein Verfechter regelmäßiger oder spontaner Fastenzeiten berufen kann. Wer sich seiner Besonnenheit sicher sein darf, muss nicht immer wieder «zur Arznei des Fastens» greifen, um sich gegen einen «Aufruhr der Sinnlichkeit» zu wappnen.

Die Gegenfrage liegt freilich auf der Hand: Wer kann sich denn in jeder Lebensphase und Lebenslage der Besonnenheit vollkommen sicher sein? Eine Besonnenheit, die grundsätzlich jeder Versuchung enthoben ist, diese Art von Heiligkeit, wird niemand, der klug ist, für sich beanspruchen. Wer über hinreichende Lebenserfahrung verfügt, wird es auch kaum einem Mitmenschen zutrauen.

Richtig ist: Wer nach dem skizzierten Ideal der Seelenruhe und Lebensweisheit nicht mehr streben muss, sondern es schon in vollem Maß erreicht hat, bedarf eines Arzneimittels wie des Fastens kaum. Wer den «Aufruhr der Sinnlichkeit» vollständig überwunden hat, muss nicht mehr und immer wieder neu Gegenkräfte entwickeln. Allen anderen hingegen, vermutlich den meisten Menschen, dürfte es guttun. Diesen Menschen, so lehrt die Erfahrung, fällt das Fasten nicht immer leicht. Weil es in Verzichten besteht, liegt die Gefahr nahe, in den Worten der Bibel, in der Sache aber religionsunabhängig, das Fasten «mit finsterem Gesicht» vorzunehmen (Matthäus, Kap. 6, Vers 16).

Für den hier entscheidenden Zweck, nicht «Pfunde abzuspecken», sondern sich in Leib und Seele zu erneuern, sollte man das finstere Gesicht ablegen können. Zumindest ist es den Versuch wert, weil man, erneut religionsunabhängig, sein Menschsein steigern will: die nötigen Selbstbeschränkungen nicht mit einer für jeden sichtbaren Abneigung, sondern sie «mit einer Leichtigkeit und Heiterkeit des Herzens» vorzunehmen.

Kant, der angeblich «finstere Rigorist», verlangt dies selbst für die Erfüllung der sittlichen Pflichten. Für die moralischen Gebote und Verbote, und zwar für sie allesamt, fordert er, sie «wackeren und fröhlichen Gemüts zu befolgen» (*Metaphysische Anfangsgründe der Tugendlehre*, § 53). Als Vorbild für diese Haltung nennt er dort, was einen dem Wesen nach säkularen Charakter bekräftigt, keine biblischen Personen oder christlichen Autoren, sondern zwei «heidnische Philosophen». Obwohl die «natürlichen Neigungen an sich selbst betrachtet, gut, d. i. unverwerflich» sind, wie er an anderer Stelle sagt (*Die Religion innerhalb der Grenzen der bloßen Vernunft*, 2. Stück, 3. Absatz), erfordert manche Pflicht, gewissen Lebensfreuden zu entsagen. Bei diesen Verzichten soll man nun, sagt Kant, die Tapferkeit des Stoikers mit der Fröhlichkeit Epikurs verbinden.

Die entsprechenden Verzichte entsprechen nicht dem, was man gelegentlich unter einer Askese versteht. Gemeint ist keine sinnenfeindliche Bußübung, auch keine leibfeindliche Lebenseinstellung. Um noch einmal den bis heute für eine säkulare Moralphilosophie oder philosophische Ethik maßgeblichen Denker zu zitieren: Kant sieht den Gegensatz zur «wackeren und fröhlichen» Pflichterfüllung in einer «Mönchasketik». Ob er sie rundum richtig beschreibt, kann dahingestellt bleiben. Entscheidend ist die gemeinte Haltung, die fraglos in der Welt vorkommt: dass jemand «aus abergläubischer Furcht oder geheucheltem Abscheu an sich selbst mit Selbstpeinigung und Fleischeskreuzigung zu Werke geht». Damit zielt er aber, so Kants zwar harsche, aber auch einleuchtende Beurteilung, «nicht auf Tugend, sondern auf schwärmerische Entsündigung» ab (*Tugendlehre*, § 53).

Sich verleugnen

Ein Essay zur Selbstbeschränkung erkennt die für eine rechtsstaatliche Demokratie wesentliche religiöse und weltanschauliche Neutralität an. Sie beruft sich daher, als Philosophie ohnehin, auf Lebensweisen und Argumente, die einer allgemeinmenschlichen Vernunft offenstehen. Das schließt freilich nicht aus, sich auch mit dem Gedanken religiöser Verzichte vertraut zu machen, zumal sie, in unseren Breiten vornehmlich in Gestalt des Christentums, in der Vergangenheit und Vorgeschichte der westlichen Demokratien eine erhebliche Bedeutung haben. Und für nicht wenige Bürger ist diese Bedeutung noch nicht verloren gegangen. Dass es im Folgenden nicht um nähere theologische Erörterungen, schon gar nicht um zwischen den Konfessionen strittige Spitzfindigkeiten geht, versteht sich von selbst.

Seit der Frühzeit pflegt das Christentum, darin kaum anders als andere Hochreligionen wie der Buddhismus, der Daoismus und der Islam, einen Ethos des Verzichts. Das Christentum hat dafür drei Hauptquellen. Die erste Quelle, die in sich vielfältige «heidnische» Philosophie von Platon und Aristoteles bis zu Epikur und der Stoa, haben wir im Vorübergehen schon kennengelernt. Die zweite Quelle besteht in der «heiligen Schrift», der Bibel, die sowohl im Alten als auch Neuen Testament zahlreiche Verzichtsvorschriften enthält. Als dritte Quelle kommen die damals im Mittelmeerraum verbreiteten Gestalten der Askese hinzu, die allerdings kaum mit deren ursprünglicher Bedeutung, dem Einüben eines vorbildlichen, namentlich von den vier Kardinaltugenden geprägten Menschseins zusammenhängen.

Weder das von den damaligen Asketen geübte Fasten noch deren Verzicht auf Schlaf und die Praxis, sexuelle Enthaltsamkeit zu üben, gehören zu den humanen Einstellungen, die die genannten vorchristlichen, «heidnischen» Philosophen empfehlen.

Deren einschlägige Gedanken sind in ihrem Wesen vielmehr religionsunabhängig. Sie sind daher für die in unseren Breiten vorherrschenden Säkularität leicht aktualisierbar, für eine Religionsgemeinschaft hingegen nicht unmittelbar anerkennenswert. Vom Standpunkt des Christentums beispielswese müssen sie gewissermaßen getauft, nämlich «verchristlicht» werden. Dies geschieht in zwei Hinsichten. Soweit die von den Philosophen vertretenen Tugenden und die Verzichtsvorschriften der Asketen noch inhaltlich anerkannt werden, erhalten sie eine neue Begründung. Man soll sie als Nachfolge des alles entscheidenden Vorbilds, des als Christus, als Erlöser, eingeschätzten Jesus und «um des Himmelreichs willen» üben. (Auch Buddhisten haben ein leitendes Vorbild, Siddharta Gautama, genannt Buddha, der Erwachte.)

Ein Christ braucht darüber hinaus einen sachlich vorab vorzunehmenden, überdies weit tiefer angesetzten Verzicht, der die «gewöhnlichen», säkularen Verzichte in ihrem Gewicht und ihrer Reichweite einschränkt: Der das säkulare Denken leitende Zweck, die im irdischen Leben, im Diesseits zu suchende Eudaimonie, Glückseligkeit, wird zugunsten des wahren, im immerwährenden Sein bei Gott liegenden Glück entmachtet. Die säkularen Verzichte geben zwar nicht alle Bedeutsamkeit, aber ihr Eigenrecht auf. Soweit sie noch eine Rolle spielen, sinken sie zu

Voraussetzungen, bestenfalls zu Steigbügeln des eigentlichen Glücks herab.

Ein für diese Entmachtung einschlägiger Text des Neuen Testaments verlangt nichts weniger als einen radikalen Verzicht: «Wer mir nachfolgen will, der verleugne sich selbst, nehme sein Kreuz auf sich und folge mir nach» (Markus, Kap. 8, Vers 34). Noch anspruchsvoller heißt es bei Matthäus (Kap. 10, Vers 37–38): «Wer Vater und Mutter mehr liebt als mich, ist meiner nicht wert; und wer Sohn und Tochter mehr liebt als mich, ist meiner nicht wert. Wer sein Kreuz nicht auf sich nimmt und mir nachfolgt, ist meiner nicht wert» (Ähnlich Lukas, Kap. 14, Vers 26–27.).

Einer der großen christlichen Theologen, der der Christenheit noch gemeinsame Kirchenlehrer Thomas von Aquin, begründet allerdings beide Elemente, die Ethik der Kardinaltugenden und die des gelegentlichen Fastens, ohne den skizzierten Tiefenverzicht. Seine Rechtfertigung erfolgt rein säkular aus einer allgemeinmenschlichen Vernunft. Das zweite Element der Verchristlichung bleibt aber auch bei ihm anerkannt: Das wahre Glück entscheide sich an drei neuartigen, wesentlich nicht mehr säkularen, sondern religiösen oder christlichen Tugenden, am Glauben (*fides*), der Liebe (*caritas*) und der Hoffnung (*spes*).

Der Glaube erkennt Jesus als den Erlöser an, macht sich vom Verhaftetsein an die vergängliche, irdische Welt frei und erwartet das eigentliche Glück im Jenseits, dem «Himmelreich». Die Liebe zielt auf den einzigen «Gegenstand», der wahrhaft liebenswert ist, auf Gott, den ein geistiges Auge schaut. Die Hoffnung schließlich lässt erwarten, dieser Schau tatsächlich einmal teilhaftig zu werden.

Inwiefern werden nun die säkularen (Kardinal-)Tugenden durch die drei radikal neuartigen Tugenden entmachtet? Die Besonnenheit beispielsweise muss jenen Anteil des eigenen Willens aufgeben, der im Widerspruch zum Glauben stehen könnte. Nach der allgemeinmenschlichen Besonnenheit ist man allein von sich aus aufgefordert und lediglich aus sich heraus fähig, die sinnlichen Antriebskräfte zu beherrschen, um das hier einschlägige Glück zu finden. Der Glaube hingegen sieht darin eine immense Selbstüberschätzung, eine Hybris des Menschen. Denn ohne die Mitwirkung Gottes, seine Gnade, soll es nach christlicher Ansicht kein wahres Glück geben. Der Glaube entmachtet also den Menschen und seine Eigenverantwortung. Keinem Menschen ist es möglich, in sich und aus sich heraus eine im strengen Sinn souveräne Person zu werden.

Eine ähnliche Entmachtung erfolgt seitens der christlichen Liebe. Nach säkularer Ansicht kann man in der Liebe oder, bescheidener gesagt, in der Zuneigung zu seinem Lebenspartner und seinen Kindern, auch zu guten Freunden ein hohes Maß an menschlicher Erfüllung finden. Wie die zitierten Bibelstellen kompromisslos scharf erklären, ist das aber aus christlicher Sicht falsch. Denn danach darf man weder seine Eltern noch seine Kinder, ohnehin nicht andere Personen oder Ziele annähernd so wie Gott lieben. Die christliche Hoffnung schließlich verlangt, die Erwartungen an ein irdisches Glück zugunsten einer Hoffnung auf das im Jenseits zu erreichende Glück kräftig einzuschränken.

Thomas von Aquin ist allerdings auch in diesen Hinsichten für eine allgemeinmenschliche Vernunft offen. Ohne die Bedeutung der christlichen Tugenden zu schmälern, hebt er den Eigenwert der Kardinaltugenden hervor. Bei der Besonnenheit beispielsweise, von ihm *temperantia,* Mäßigung genannt, betont er weniger die negative Seite des Verzichts. Für wichtiger hält er die positive Funktion: Wer in der Welt der Sinnlichkeit Maß hält, darf die Freuden des Tastsinns, des Essens und Trinkens sowie der Sexualität genießen. Denn sie dienen letztlich zwei lebenswichtigen und vernünftigen Zwecken, der Selbst- und der Arterhaltung.

Kaum einer denkt bei dieser für gesteigertes Menschsein so überragenden Lebenshaltung an den Verzicht. Bei Kant aber, in dessen berühmten Essay *Beantwortung der Frage: Was ist Aufklärung*, tritt das wesentliche Moment der Selbstbeschränkung offen zutage. Schon nach dem gewöhnlichen Verständnis, das in den Bezeichnungen der einschlägigen Epoche anklingt, kommt es auf Verzicht an. Besonders deutlich trifft das auf den französischen Ausdruck «siècle des lumières» zu: Die Aufklärung bringt Licht in eine bislang dunkle und Erleuchtung in eine zuvor finstere Welt. Für diese Aufgabe muss man auf eine gewisse Bequemlichkeit verzichten: Man muss sein Zufriedensein mit einer Welt von Irrtum, Aberglaube und Schwärmerei aufgeben und sich in eine Welt von Wissenschaft, Gelehrsamkeit und einschlägiger Forschung einarbeiten.

Kant geht eine Stufe zurück und entdeckt bei diesem Tieferbohren einen noch grundlegenderen Verzicht. Er fragt nach dem das Erleuchten leitenden Zweck, bestimmt ihn als «Ausgang des Menschen aus seiner selbst verschuldeten Unmündigkeit», überlegt, was man dafür benötigt, und erkennt als unverzichtbare Bedingung eine wesentlich andere, nicht mehr theoretische, sondern praktische, sogar moralisch-praktische Leistung an. Die zu überwindende Unmündigkeit besteht nicht in einem kognitiven Defizit, einem Mangel an Verstand, denn den könnte man gegebenenfalls von anderen entleihen. In erster Linie fehlt es an der Bereitschaft, sich seines *eigenen* Verstandes zu bedienen.

Die Ursache dafür liegt nach Kant in einer besonderen Bequemlichkeit, genauer: in «Faulheit und Feigheit». Ihretwegen verlässt man sich, statt selbst zu denken, lieber auf andere. Man begibt sich in die Obhut von Vormündern: «habe ich ein Buch, das für mich Verstand hat, einen Seelsorger, der für mich Gewissen hat, einen Arzt, der für mich die Diät beurteilt, u. s. w.: so brauche ich mich ja nicht selbst zu bemühen». Die Aufklärung im Sinne Kants verlangt nun von jedem einzelnen, diese Bequemlichkeit aufzugeben. Jeder Mensch hat das gelegentlich «verdrießliche Geschäft» selbst zu übernehmen, um «sich aus der ihm beinahe zur Natur gewordenen Unmündigkeit herauszuarbeiten» und zu einer «vernünftigen Schätzung des eigenen Werts» zu gelangen.

Hier erweist sich Kant mehr als nur nebenbei als ein geistiger Demokrat. Er weist nämlich jede intellektuelle Aristokratie zurück. Einen etwaigen Hochmut oder Eigendünkel von Forschern, Gelehrten und Intellektuellen lehnt er, der selbst ein überragender Philosoph war, uneingeschränkt ab. Gewiss, für Wissenschaft und Philosophie muss man im Verlauf von teilweise langen und mühseligen Lernprozessen besondere Methoden und Kenntnisse erwerben. Zusätzlich sollte man über jene Begabungen verfügen, die unter den Menschen ungleich verteilt sind: über Scharfsinn, Kreativität und Originalität. Die für die Aufklärung zu erbringende Eigenleistung hingegen vermag jedermann zu erbringen: «sich seines Verstandes ohne Leitung eines anderen zu bedienen».

Selbstdenken, nämlich «den obersten Probierstein der Wahrheit in sich selbst» suchen, wie Kant an anderer Stelle sagt, können in ihrer geistigen Entwicklung recht bald alle Menschen. Denn sie alle verfügen Kant zufolge über jenen einfachen und allgemein verbreiteten Verstand, den (all-)gemeinen Menschenverstand, der das Selberdenken ermöglicht. Allerdings muss man den Verstand, für sich allein nur ein Vermögen, auch verwirklichen. Zu diesem Zweck hat man den nötigen Mut aufzubringen, allerdings auch die dann erforderlichen, stets eigenen Anstrengungen auf sich zu nehmen.

Offensichtlich fällt es damals wie heute leicht, diesen Ansichten zuzustimmen. Ebenso wenig fällt es schwer, die Unterscheidung aus der *Kritik der Urteilskraft* (§ 40) von drei Stufen des Selberdenkens anzuerkennen. Auf eine erste Aufforderung («Maxime»), die Grundstufe einzunehmen und also selbst zu denken, folgt als erste Steigerung die Einsicht, dass das Selbstdenken sich keines Privatverstandes, sondern eines allgemeinen Menschenverstandes bedient. Deshalb empfiehlt sich die zweite Maxime: «An der Stelle jedes anderen denken». Zusätzlich, um sich im Selbstdenken dabei nicht bloßzustellen, ist eine dritte Maxime geboten: «Jederzeit mit sich selbst einstimmig denken». Die für diese drei Maximen als Lebensgrundsätze erforderlichen Selbstbeschränkungen muss man nicht lange suchen: Man soll auf ein dem Inhalt nach bloß subjektives Selberdenken und auf ein in sich widersprüchliches Denken gleichermaßen verzichten.

*Drei Prunkworte:
Armut, Demut, Keuschheit*

Auf den ersten Blick bezeichnen die drei angeblich das Menschsein steigernden Worte servile Tugenden, also Lebenseinstellungen, die keineswegs vorbildlich und eher humanitäsmindernd sind. Zum Gegenstand dieses Essays werden sie daher nur, wenn sie den Charakter der Servilität, der gehorsamen Ergebenheit und Unterwürfigkeit, aufgeben. Wie ist das zu verstehen?

Eine Philosophie der Selbstbeschränkung versteht unter dem ersten «Prunkwort», der Armut, nicht materielle Not: den von außen bestimmten Mangel an lebensnotwendigen Gütern wie Nahrung, Kleidung, Wohnen und sauberem Trinkwasser. Gemeint ist auch nicht ein Elend, das Erleiden von Not, Hilflosigkeit und Alleinsein. Überhaupt geht es nicht um den irgendwie aufgezwungenen, sondern ausschließlich um den freiwilligen Verzicht, dabei vor allem den auf persönliches Eigentum. Die für diesen Essay entscheidende Armut besteht in einer von Innen kommenden, ausdrücklich erklärten Anspruchslosigkeit.

Ebenso wenig geht es beim zweiten Ideal, der Demut, um

eine unfreiwillige, aufgezwungene Gesinnung der Geringfügigkeit. Niemand steigert sein Menschsein, der sich aus Angst, getreten zu werden, lieber devot verhält. Aus dem Tierreich kennt man sogenannte Demutsgebärden: Tiere, die sich in einem Rivalenkampf geschlagen geben, nehmen eine Körperhaltung ein, mit der sie ihre Unterlegenheit signalisieren. Beispielsweise wenden sie die zu ihrem Körper gehörenden Waffen, Zähne, Hörner oder Geweihe, zur Seite oder legen sich bewusst schutzlos auf den Rücken.

Einer Philosophie des Verzichts kommt es nicht auf ein derartiges, unter dem Gesichtspunkt des eigenen Überlebens äußerlich erzwungenes Verhalten an, sondern eine von Innen kommende Bescheidenheit. Sein Menschsein steigert, wer alle Selbstüberschätzung und jeden Hochmut von sich weist und auf dieses Von-sich-Weisen stolz sein darf. Infolgedessen lässt die nicht servile, vielmehr humane Demut zu einer Geringschätzung seiner selbst es nicht kommen.

Unter der Keuschheit schließlich, dem dritten «Prunkwort», ist erneut keine von außen aufgezwungene Haltung zu verstehen. Gemeint ist allein eine freiwillige Enthaltsamkeit. Bei einer weiteren Bedeutung dieser Verzichtsart schränkt man nur den «unerlaubten» Sinnengenuss ein, in der verbreiterten engeren Bedeutung hingegen die sexuelle Enthaltsamkeit.

Bei jeder der drei Arten freiwilligen Verzichts, insbesondere bei der Armut und der Keuschheit, denkt man in der Regel an religiös motivierte Haltungen oder Versprechen, insbesondere an das dreiteilige Mönchsgelübde von Armut, Gehorsam und Ehelosigkeit. Als feierliches, rituelles Versprechen ist dieses Gelübde vor allem aus dem Christentum bekannt, weshalb man wegen der Herkunft aus den Evangelien auch von den drei Evangelischen Räten spricht.

Für das Christentum spezifisch ist das Mönchsgelübde jedoch nicht. In einer wenig abgewandelten Form spielt es auch im Buddhismus, dem Hinduismus und dem Daoismus eine Rolle. Der Islam hingegen kennt nach einem Mohammed zugeschriebenen Wort «kein Mönchstum», obwohl die zum Islam gehörenden Derwische in mönchsähnlichen Gemeinschaften leben. Nur dem Judentum ist das Mönchstum fremd. Im antiken Judentum kommen ihm jedoch Personen nahe, die ausdrücklich «allein» sind und ein religiöses Leben führen. Soweit Religionen das Mönchstum kennen, halten sie dessen Lebensweise häufig als die höhere, vielleicht sogar höchste Form eines frommen Daseins.

Trotz der Bedeutung, die also die drei Titelworte Armut, Demut und Keuschheit in vielen Religionen haben, stehen sie nicht notwendig in einem religiösen Zusammenhang. Aus gutem Grund gesteht ihnen der teilweise kompromisslos scharfe Kritiker der abendländischen Moral und des Christentums, Nietzsche, eine religionsunabhängige Leistung zu. Überdies erkennt er, indem er sie «Prunkworte» nennt, einen herausragenden Rang an.

In der «Streitschrift», wie er seinen Text *Zur Genealogie der Moral* untertitelt, widmet er die dritte und letzte Abhandlung der Frage: «Was bedeuten asketische Ideale?» Seine erste Antwort, die er danach erläutert, führt verschiedene Personenkreise an, wobei Priester und Heilige sehr spät auftauchen (das folgende Zitat ist da und dort etwas gekürzt): «Was bedeuten asketische Ideale? – Bei Künstlern Nichts oder zu Vielerlei; bei Philosophen und Gelehrten Etwas wie Witterung und Instinkt für die günstigsten Vorbedingungen hoher Geistigkeit; bei Frauen, besten Falls, eine Liebenswürdigkeit der Verführung *mehr*; bei physiologisch Verunglückten und Verstimmten (bei der Mehrzahl der Sterblichen) einen Versuch, sich ‹zu gut› für diese Welt vorzukommen, eine heilige Welt der Ausschweifung; bei Priestern den eigentlichen Priesterglauben, ihr bestes Werkzeug der Macht; bei Heiligen endlich einen Vorwand zum Winterschlaf. Ihre Ruhe im Nichts (‹Gott›), ihre Form des Irrsinns.»

Filtern wir den spöttischen Unterton aus und beschränken uns auf die Personengruppen, zu denen der Altphilologe und

Sprachkünstler Nietzsche selbst gehört, auf die Künstler, noch deutlicher aber auf die Philosophen und Gelehrten. Wir beginnen mit Nietzsches Erläuterung zum dritten Titelwort: «Zwischen Keuschheit und Sinnlichkeit», erklärt er, «gibt es keinen notwendigen Gegensatz; jede gute Ehe», fährt der selbst nie verheiratete Autor fort, «jede eigentliche Herzensliebschaft ist über diesen Gegensatz hinaus» (Abschn. 2).

Nun zum asketischen Ideal beziehungsweise den asketischen Idealen selbst: Das Ideal (Singular oder Plural) soll durchaus leisten, was wir von der Besonnenheit kennen, einer «mutwilligen Sinnlichkeit Zügel anlegen». Wie dort geschehe es aber nicht um der Zügelung willen. Der Verzicht ist kein Selbstzweck, sondern hat eine ausschließlich dienende Funktion. Unser Philosoph sieht im asketischen Ideal (erneut etwas gestrafft) «viele Brücken zur *Unabhängigkeit* angezeigt; ein Nein zu aller Unfreiheit; ein Optimum der Bedingungen höchster und kühnster Geistigkeit» (Abschn. 7; ähnlich Abschn. 9). Bei dieser Geistigkeit denkt Nietzsche an sein eigenes Metier, die Philosophie, und, hinreichend unbescheiden, vornehmlich an sich selbst.

Nur bei einem oberflächlichen Blick erscheint die notwendige Selbstbegrenzung als bloße Einschränkung der Freiheit. Tatsächlich findet zwar eine Einschränkung statt. Sie wird jedoch um eben dieser Freiheit willen vorgenommen. Wie unser Autor wortmächtig erklärt: «Freiheit von Zwang, Störung, Lärm, von Geschäften, Pflichten, Sorgen; Helligkeit im Kopf; Tanz, Sprung und Flug der Gedanken», wobei «alles animalische Sein geistiger wird und Flügel bekommt» (Abschn. 8).

Deutlich genug geht es hier nicht um Religion oder Theologie oder eine sonst wie jenseitige Welt. Nach Maßgabe der allgemeinmenschlichen Vernunft praktiziert, dient der skizzierte Verzicht jener Steigerung des Menschseins, die Nietzsche als Geistigkeit bezeichnet. Dazu gehört eine enorme Verachtung der allzu bescheidenen Vergnügungen der Vielen. An die Stelle einer Erbaristokratie, die von den Leistungen ferner Vorfahren lebt, tritt hier eine Aristokratie, die sich ausschließlich der gegenwärtigen Person selbst verdankt und ihrer Fähigkeit und Bereitschaft entspringt, den Lebenszielen der Menge, der Masse, zu entsagen. Es kommt jedenfalls nicht auf eine fremde, sondern lediglich auf die eigene Leistung an.

Die Geistigkeit, die letztlich allein zählt, muss nicht wie bei Nietzsche die des Philosophen sein. Denn man kann schwerlich behaupten, andere Ziele oder Zwecke, die das gewöhnliche Menschsein weit übersteigen, seien ihr fremd. Hier mag jeder für sich an weitere Beispiele hochgeistiger Tätigkeiten denken. Entscheidend ist, dass man das von den meisten Menschen geführte, übliche und gewöhnliche Leben zu einer höheren, vor allem schöpferischen Lebensweise hin übersteigt.

Wer also die im Abendland ihrer Herkunft nach vornehmlich christlich-monastischen «Prunkworte» von dieser Herkunft abkoppelt, wer sie für ein weltliches, von Religion und Theologie unabhängiges Ideal übernimmt, gegebenenfalls dabei auch umgestaltet, der erlaubt einem dann säkularen Lebenszweck eine Entfaltung und Dominanz, die ihm unter den gewöhnlichen Lebenswegen verwehrt wäre. Ohne Frage verdient sie den Rang, das Menschsein zu steigern.

Lebensweisheiten

Nicht alle Handlungsgrundsätze zum Verzicht bedürfen längerer Erläuterungen. Nicht wenige verstehen sich, obwohl provokativ, von selbst. Dafür folgen hier einige Beispiele aus verschiedenen Kulturen und Epochen:

Verzicht auf Habgier: «Hüte dich vor der Verführung zur Habgier, denn sie ist eine schlimme, unheilbare Krankheit. Ein Sack ist sie, voll von allem Hassenswerten, ein Bündel von allem Übel.» («Lehre des Ptahhotep», um 2350 v. Chr. in Alt-Ägypten, hier zitiert nach: *Lesebuch zur Ethik*, Nr. 1)

Verzicht um der Rechtschaffenheit willen: «Sei nicht reich auf schimpfliche Weise. Vom Vater nimm nicht das Schlechte an. Was für Liebesdienste du den Eltern erweist, solche erwarte selbst im Alter von den Kindern. Beneiden laß dich lieber als bemitleiden. Halte Maß.» (Thales von Milet, griechischer Mathematiker, Naturforscher und einer der Sieben Weisen, um 624–548 v. Chr., *Lesebuch*, Nr. 45)

Verzicht auf alle Vergeltung: «*Sokrates*: Also weder erlittenes Unrecht vergelten noch Böses zufügen darf man irgendeinem Menschen, mag man auch noch so schwer von ihm zu leiden haben. Für die Anhänger dieses Glaubens nun und ihre Gegner gibt es kein gegenseitiges Verständnis, sondern unvermeidlich nur gegenseitige Verachtung angesichts ihrer beiderseitigen Grundsätze und Entschließungen.» (Platon, griechischer Philosoph, 427–347 v. Chr., Dialog *Kriton*, 49a-49d, *Lesebuch*, Nr. 61)

Wider sinnliche Begierde: «Wer jede sinnliche Begier, / O Sohn der Pritha, von sich weist, / In sich und durch sich selbst beglückt, / Den, Tapferer, nennt man fest im Geist.» («Bhagavadgita», zwischen 5. und 2. Jh. v. Chr. in Indien, hier nach *Lesebuch*, Nr. 28)

Erneut wider sinnliche Begierde: «Gibst du deinen Begierden so weit nach, dass du deiner wahren Natur verlustig wirst, ist nichts mehr richtig, egal, was du auch tun magst». (Liu An, chinesischer Daoist, ca. 170–122 v. Chr., *Lesebuch*, Nr. 38)

«*Keine Selbstzufriedenheit zeigen*. Man sei weder unzufrieden mit sich selbst, denn das wäre Kleinmaut – noch selbstzufrieden, denn das wäre Dummheit.» (Baltasar Gracián, spanischer Philosoph, Theologe und Prediger, 1601–1658)

Wider Zerstreuungen: «Das Einzige, was uns in unserm Elend tröstet, ist die Zerstreuung, und dabei ist sie die Spitze unseres Elends; denn sie ist es, die uns grundsätzlich hindert, über uns selbst nachzudenken, die uns unmerklich verkommen lässt. Sonst würden wir uns langweilen, und diese Langeweile würde uns antreiben, ein besseres Mittel zu suchen, um sie zu überwinden.» (Blaise Pascal, französischer Mathematiker, Physiker und Philosoph, *Gedanken/Pensées*, 1623–1662)

«Ich bin reich an Gütern, auf die ich verzichten kann.» (Louis Vigée, französischer Maler, 1715–1767, *Poésies*)

«Ein Mensch, der die ganze Zeit denkt, hat außer Gedanken nichts, worüber er nachdenken könnte; er verliert also den Kontakt zur Realität und lebt in einer Welt der Illusionen.» (Alan Watts, britischer Religionsphilosoph, 1915–1973)

«Wo alle dasselbe denken, wird nicht gedacht.» (Karl Valentin, bayerischer Humorist, 1882–1948)

«Gesegnet sind jene, die nichts zu sagen haben und trotzdem den Mund halten.» (Erneut Karl Valentin)

«Es ist nie zu spät, unsere Vorurteile aufzugeben.» (Henry David Thoreau, nordamerikanischer Schriftsteller und Philosoph, 1817–1862, *Walden oder Leben in den Wäldern*)

«Glaube denen, die die Wahrheit suchen, und zweifle an denen, die sie gefunden haben.» (André Gide, französischer Schriftsteller, 1869–1951)

«Die Aufmerksamkeit» – «die seltenste und reinste Form von Großzügigkeit» – «besteht darin, das Denken auszusetzen, den Geist verfügbar, leer und für den Gegenstand offen zu halten.» (Simone Weil, französische Philosophin, 1909–1943)

«*Das größte Mißverständnis der Askese ist / Der Verzicht:* In der Askese der Zukunft / Die aus keiner Religion kommt / Und keinem System dient / Geht es nicht ums Verzichten / Es geht darum zu erkennen / Wie wenig ich brauche.» (John von Düffel, deutscher Dramaturg und Schriftsteller, geb. 1966, *Das Wenige und das Wesentliche. Ein Stundenbuch*, 2022, S. 7)

Drittes Zwischenspiel

Erfüllung durch Verzicht: Hohe Minne

Kaum jemand wird beim Thema Verzicht spontan an die Minne denken. Tatsächlich handelt es sich bei ihr um eine außergewöhnliche, dabei herausragende Art der Selbstbeschränkung.

In der Geschichte der deutschen Sprache bezeichnet der Ausdruck zunächst das helfende, erbarmende Sinnen, die fürsorgliche Liebe, mithin die Caritas im Unterschied zu Amor oder Sexus. Im ältesten Rechtsbuch des Mittelalters, im *Sachsenspiegel*, zugleich einem der ältesten größeren Prosawerke deutscher Sprache, dort im 3. Buch, Kapitel 15, meint Minne das freiwillige, gütliche Leisten im Unterschied zum rechtlichen Zwang. Auch darin kann man ein Verzichten sehen. Denn wer etwas aus eigenen Stücken abgibt oder übergibt, agiert ohne Druck von außen, verzichtet also auf die für das Recht meist wesentliche Form der Erzwingbarkeit.

Für diesen Essay ist allerdings eine andere Bedeutung wichtiger: die Minne, die sich seit dem letzten Drittel des 12. Jahrhunderts in der Ritterkultur von Adelshöfen ausbildet. Sie besteht in einer verehrenden, dienenden Form von Liebe. Deren Träger sind Ritter, die für die geliebte *frouwe* (Frau oder Herrin), eine in der Regel gesellschaftlich höher gestellte, in jedem Fall verheiratete Person Heldentaten vollbringen und sie im Lied, dem Minnelied, besingen. Für diese Gestalt höfischer Liebe, die Hohe Minne, ist im Gegensatz zur Niederen Minne der Verzicht auf die nach heutiger Auffassung übliche Erfüllung der Liebe, das räumliche, am Ende auch sexuelle Zusammenkommen, wesentlich. Der Sänger weiß nämlich, dass sein «poetisches» Werben um Gegenliebe aussichtslos ist. Der Adressat seines Minneliedes ist nämlich nicht bloß deshalb unerreichbar, weil die *frouwe* auf einer gesellschaftlich deutlich höheren Stufe steht, überdies schon verheiratet ist. Vielleicht wegen der sozialen Unerreichbarkeit wird sie auch überhöht dargestellt, sodass der Sänger sich als nicht annähernd würdig einschätzt. In diesem mit dem Wissen um die Unerreichbarkeit verbundenen Werben liegt nun das Wesen der Hohen Minne.

Der heutigen Lebenswelt mag diese Art von Liebe als zutiefst unpassend erscheinen. Trotz der Fremdheit darf man jedoch anerkennen, dass die in der Hohen Minne besungene – und auch praktizierte? – Gestalt einer grundsätzlich unerfüllbaren Sehnsucht, oder paradox formuliert: dass eine Erfüllung durch Nichterfüllung als eine Hochform menschlicher Poesie und Kultur anzusehen ist. Ein auf Blickerweiterung zielender Essay des Verzichts darf jedenfalls die in der Hohen Minne zutage tretenden Sonderform, die ungewohnte, für viele sogar befremdliche Form von Verzicht, die Erfüllung durch Nichterfüllung, nicht übergehen.

Einer Philosophie der Selbstbeschränkung ist aber ein zweiter, jetzt kritischer Blick auf die Hohe Minne erlaubt. Wir finden ihn erstaunlicherweise, für viele vermutlich höchst überraschend bei einem hochspekulativen Denker. Es ist Hegel, der das Phänomen der Minne zunächst klar beschreibt, sodann überzeugend beurteilt. Die verbreitete Einschätzung, spekulative Philosophen seien weltfremd, beruht nämlich auf einem der Wirklichkeit nicht gerecht werdenden Vorurteil. Ob in der Antike Platon und Aristoteles, ob in der Neuzeit Kant und eben auch Hegel – große Philosophen pflegen über eine außergewöhnlich weite und tiefe Weltkenntnis zu verfügen. Zum Wissen um ein menschlich so wichtiges, überdies so vielseitiges und vielschichtiges Phänomen, das lernt man spätestens bei Platon kennen, gehört die Liebe unverzichtbar hinzu:

Im Gegensatz zu den bis heute vorherrschenden Verkürzungen wird in Platons einschlägigem Dialog *Symposion* (*Das Gastmahl*) der Eros in sich steigernden Reden gefeiert: zunächst als der älteste Gott, der das Beste im Menschen hervorbringt, danach als jenes universale Prinzip der Natur, das Gegensätzliches vereint, anschließend als die tiefe Sehnsucht des Menschen nach seiner verlorenen anderen Hälfte, weiterhin als der jetzt jüngste Gott, dessen Schönheit und Güte alles Gute entstehen lässt. In Wahrheit, erklärt am Ende Platons Vorbild Sokrates, ist Eros ein Zwischenwesen zwischen Mensch und Gott. Als Kind des «wagemutigen» Poros und der «bedürftigen» Penia verkörpere er nicht selbst das Schöne, wohl aber jene Liebe zum Schönen und Guten, die nicht im ästhetischen, sondern moralischen Sinn zu verstehen sei: Mit Hilfe des Eros strebe man nach dem rundum und in sich Guten.

Hegel geht nun in seinen «Vorlesungen über Ästhetik» kenntnisreich auf das bei ihm ästhetische Reich des Schönen ein, insbesondere auf das Reich des Kunstschönen, auf dessen verschiedene Gattungen und Epochen. Innerhalb der nachklassischen «Romantischen Kunstform» erörtert er im zuständigen zweiten Band der Vorlesungen das Rittertum. Als dessen «Hauptinhalt» sieht er drei «Empfindungen» an: die Ehre, die Liebe und die Treue. Bei ihnen nimmt die Hohe Minne, die bei Hegel stets bloß «Liebe» heißt, räumlich den mittleren Platz ein, gibt aber sachlich auch «den Mittelpunkt» ab. In allen drei Empfindungen sieht unser Philosoph «nur die subjektive unendliche Beziehung auf sich», denen jedoch – das besagt das «nur» – etwas Wesentliches fehlt: Mangels eines «in sich selbst objektiven, substantiellen Gehalts» nehmen sie nicht, wie man annehmen könnte, den Rang ein, auf den es in diesen Empfindungsbereichen ankommen sollte. Sie haben nicht den Wert von sittlichen Eigenschaften und Tugenden. Damit gehen Hegels ästhetische Überlegungen in moralische über.

Die vermisste Eigenschaft des Sittlichen behandelt unser Philosoph näher in seiner Rechts- und Staatsphilosophie. Dort, in den *Grundlinien der Philosophie des Rechts*, bildet nach den Stufen des abstrakten Rechts und der Moralität die Sittlichkeit die dritte und höchste Stufe, die ihrerseits aus drei Teilstufen, der Ehe und Familie, der bürgerlichen Gesellschaft und dem Staat, besteht.

Warum nun Hegel den drei genannten Empfindungen einen Mangel an Sittlichkeit vorwirft, macht seine Erläuterung des ersten Elementes, der Ehre, auf eine überzeugende Weise deutlich (im Folgenden gestrafft): «Die persönliche Selbständigkeit, für welche die *Ehre* kämpft, zeigt sich nicht als die Tapferkeit für ein Gemeinwesen und für den Ruf der Rechtschaffenheit in demselben; sie streitet im Gegenteil nur für die Anerkennung des einzelnen Subjekts.» Einen ähnlichen Vorwurf richtet unser Philosoph an die Hohe Minne. Man kann nicht bestreiten, dass er dessen Wesen erkennt und ihm eine gewisse Anerkennung zollt. Seine Philosophie der Sittlichkeit als Maß und Kriterium zwingt ihn aber zur folgenden Einschätzung: «Ebenso ist auch die *Liebe* nur die zufällige Leidenschaft des Subjekts zum Subjekt und, wenn auch durch Phantasie erweitert, durch Innigkeit vertieft, doch nicht das sittliche Verhältnis der Ehe und Familie.» Hegels Vorwurf gegen die Hohe Minne lässt sich freilich etwas abmildern: Im Wissen, dass der Minnesänger die Frau und Herrin auch deshalb für unerreichbar hält, weil sie schon verheiratet ist, wird die Ehe indirekt als sittliche Institution anerkannt.

4.

Ein viertes Verzichtsmuster

Aktuelle Krisen bewältigen

Seit Jahren lieben Gesellschaftsdiagnosen die Rede von Krisen. Dabei mangelt es dem Ausdruck, weil er inflationär gebraucht wird, an begrifflicher Schärfe, zugleich droht ihm, das zu seinem Kern gehörende Bedrohungspotential, die Gefahr einer Katastrophe, zu verlieren. Wenn beispielsweise eine karitative oder eine schulische Organisation nicht genügend Mitarbeiter findet, klagt man nicht, obwohl es das Problem genauer bestimmte, über einen Fachkräftemangel. Vermutlich, um in der Öffentlichkeit größere Aufmerksamkeit zu finden, spricht man lieber von einer Fachkräftekrise (so liest man in einigen Zeitungsberichten). In Wahrheit ist die Lage zwar ernst, aber nicht das Ausmaß einer Katastrophe. Damit hinsichtlich ihrer Schwierigkeiten andere Lebensbereiche nicht konkurrieren können, verschafft man sich einen sprachlichen Wettbewerbsvorteil, indem man den möglichen Konkurrenten nur eine Misere zubilligt.

Was also ist bei einer sinnvollen Verwendung des Ausdrucks der Krise gemeint? Unter einer Krise ist eine länger andauernde, außergewöhnlich schwierige Situation zu verstehen. Im persönlichen Leben beispielsweise liegt eine tiefe Störung des Selbst- und Weltvertrauens vor, womit das seelische Gleichgewicht verlorengeht. Um eine veritable Wirtschaftskrise hingegen handelt es sich dort, wo nicht nur wenige, sondern zahllose Unternehmen für ihre Investitionen keine Bankkredite mehr erhalten. Auch dort kann man von einer Krise sprechen, wo die Nachfrage nach den Wirtschaftsgütern enorm zurückgeht, weil etwa Privatpersonen aus finanziellen Sorgen ihren Konsum drastisch einschränken. Regierungskrisen wiederum liegen erst dann vor, wenn nicht bloß in einer kleineren Hinsicht, sondern in umfassender Weise nichts weniger als die ordnungsgemäße Führung eines Landes stark gefährdet ist.

Alles andere als harmlos bestehen wahre Krisen in enormen Bedrohungen. In ihnen liegen aber nicht nur Gefahren, sondern auch Chancen. Denn wer sich von den Krisen nicht entmutigen lässt, wer sie vielmehr als Herausforderungen betrachtet, denen man sich zu stellen hat, der sucht nach neuartigen, schöpferischen Antworten, die am Ende die Krisen nicht nur bewältigen, sondern sie vielleicht sogar zugunsten besserer Lebensverhältnisse überwinden.

Dafür, dass Krisen ein Potential für humane, also nicht zu verachtende Fortschritte enthalten, bietet die Geschichte zahllose Beispiele. Hier genüge der Hinweis auf die Hungersnöte im Europa des 19. Jahrhunderts, die in internationaler Hinsicht zu einem wirtschaftlichen Integrationsschub führten, der die Lebensmittelknappheit unseres Kontinents durch Getreideimporte aus dem Ausland zu überwinden vermochte. Obwohl schon allzu häufig gebraucht, darf man deshalb das Wort aus Friedrich Hölderlins «Patmos»-Hymne wiederholen. Denn es bringt die Einstellung auf den Punkt, der die Krisen zu bewältigen hilft: nicht Entmutigung, sondern ihr Gegenteil, die Zuversicht: «Wo aber Gefahr ist, wächst / Das Rettende auch.»

Dieser Abschnitt überlegt am Beispiel einiger neuer Krisen, wie sowohl natürliche Personen als auch Gemeinwesen und andere Kollektiva sich zu Verzichten genötigt sehen und mit entsprechenden Selbsteinschränkungen versuchen können, Krisen kreativ zu bewältigen. Der besonders gravierenden Krise, der der Umwelt und des Klimas, wird nach einem vierten Zwischenspiel zu einigen dunklen Seiten des Verzichts ein eigenes Kapitel gewidmet. Denn es handelt sich um ein neuartiges, fünftes Verzichtmuster, das einen pathetischen Titel verdient: «Den Planeten retten».

Finanzkrise

Am 15. September meldete die im Immobilienbereich überstark engagierte US-Investitionsbank Lehman Brothers Insolvenz an. In der Folge kürzten andere US-Banken die Kreditvergabe an Unternehmen, die wiederum kaum investieren konnten, was zur Entlassung erheblicher Teile der Arbeiterschaft und der Angestellten und einen Einbruch der Nachfrage nach Gütern und Dienstleistungen führte. Zusätzlich gerieten wegen der Vernetzung der internationalen Finanzwelt die Banken anderer Kontinente in jene erheblichen Schwierigkeiten, für die sich bald der Ausdruck der Finanzkrise einbürgerte.

Dass damals selbst deutsche Landesbanken – also Kreditinstitute, deren Miteigentümer das jeweilige Bundesland sind – nicht immer mit der für Geldgeschäfte erforderlichen Umsicht gehandelt hatten, kam vielerorts erschwerend hinzu und hatte riesige Verluste zur Folge, für die zum Teil die öffentliche Hand einspringen musste. In dieser Hinsicht muss man von einer andersartigen, zweiten Finanzkrise sprechen, jetzt von einer Art systemischen Finanzkrise, was sich damals, wenn überhaupt, allenfalls vorsichtig andeutete: Die Aufsicht über die Landesbanken, aber auch die allgemeine Bankenaufsicht funktionierte mit so erheblichen Mängeln, dass man sie sträflich gering nennen darf.

Kehren wir zu der Ereignisfolge zurück, die in jenen Jahren, eigentlich bis heute allein als Finanzkrise bezeichnet wurde und wird. Als Auslöser der US-Krise gilt das Platzen einer Immobilienblase: Aus Unverantwortlichkeit beider Seiten, der Banken und ihrer Gläubiger, hatten allzu viele US-Bürger trotz zu geringer Sicherheiten, nämlich eines geringen Einkommens, oft sogar trotz ihrer Arbeitslosigkeit und mangels anderen Besitzes, einen Kredit zu einem Hauskauf erhalten. Nachdem sie die Kreditzinsen nicht mehr bezahlen konnten, mussten die Betroffenen ihr Eigenheim weit unter dem Gestehungspreis verkaufen.

Ist nun der in diesem Preisverlust stattfindende Verzicht mit dem klassischen Beispiel vergleichbar, dass ein Kapitän bei schwerem Unwetter Schiffsladung über Bord wirft? In beiden Fällen ist der Verzicht bitter, die Art der Ursache dagegen verschieden: Das Unwetter kommt von außen, die Kreditnahme hingegen erfolgt, wenn auch von den Banken eventuell leichtfertig gefördert, von den Betroffenen selbst. Im Unterschied zum Schiffskapitän waren sie für ihr Unglück erheblich mitverantwortlich. Zudem wird die Schiffsladung zwar aus gutem Grund, aber freiwillig über Bord geworfen. Der Verlust des Eigenheims war jedoch von der finanziellen Notlage erzwungen, weshalb nicht einmal von einer teilweisen Freiwilligkeit die Rede sein konnte. Einen freiwilligen Verzicht nahmen lediglich jene vor- und umsichtigeren, insofern klügeren Personen vor, die der damals verbreiteten Stimmungslage Widerstand leisteten, indem sie sich auf keinen Hauskredit einließen.

Bei den allzu vielen anderen hingegen zeigte die Finanzwelt ihre dunkle Seite: Sie stürzten Einzelpersonen, Familien und – wegen der von den Unternehmen vorgenommenen Kündigungen – ganze Belegschaften in finanzielle Armut und seelische Not, nicht selten in schwere Depressionen und eine erhöhte Suizidbereitschaft. Ihretwegen durfte man den einschlägigen Rat, der ohnehin «zu spät» kam, sich vielleicht zwar denken, aber den unglücklich Betroffenen nicht ins Gesicht sagen: «Lebe nie über deine Verhältnisse.»

Streng genommen gibt es sogar eine dritte Finanzkrise, für die sich aber ebenfalls der Ausdruck nicht eingebürgert hat: Wenn auch murrend, nahmen es die Bürger –Privatpersonen ebenso wie private Institutionen – hin, dass sie für Spareinlagen entgegen ihrer über Generationen gepflegten Gewohnheit keine Zinsen mehr erhielten. Diese wurden hingegen immer geringer oder wandelten sich zu Negativzinsen: Bei größeren Summen musste man für Spareinlagen Gebühren zahlen. Das fraglos nicht unkomplizierte Problemfeld braucht hier nicht näher erörtert werden. Ein Punkt sei aber hervorgehoben: Die Staaten, die längst hohe, zum Teil horrende Staatsschulden angehäuft hatten, waren froh, ihre Schulden so gut wie zinslos zurückzahlen zu können. Und statt diese Chance zu nutzen, haben viele Staaten lieber noch mehr Schulden gemacht.

Flüchtlingskrise

In den Jahren 2015 und 2016 flohen rund zwei Millionen Menschen nach Europa, davon die meisten in die Europäische Union und von ihnen weit mehr als die Hälfte nach Deutschland. Danach nahm die Zahl der Flüchtlinge zwar ab, gering wurde sie aber nie. Neuerdings steigt sie wieder, und dies geschieht nicht nur, weil Hunderttausende Ukrainer aus ihrer seitens Russlands mit einem Krieg überzogenen Heimat fliehen. Erneut gelangen, «Frontstaaten» zum Ukrainekrieg wie Polen ausgenommen, nach Deutschland bis zu zehn Mal so viele Flüchtlinge wie nach Frankreich, Italien oder Spanien. Die Gründe sind allseits bekannt: Deutschland setzt hohe Anreize, «Pull-Faktor» genannt. Überdies pocht es nicht auf den «Solidaritätsmechanismus» in der Europäischen Union. Dabei nimmt es als Nebenfolge den Verzicht auf einen nicht unerheblichen Teil außenpolitischer Souveränität in Kauf.

Wie zu erwarten, erfordern die großen Flüchtlingszuströme enorme Anstrengungen. Diese wurden und werden von vielen Seiten, von Privatpersonen, Vereinen und Unternehmen, von kirchlichen und staatlichen Stellen, so rasch und kräftig übernommen, dass sie einer beliebten Gesellschaftsdiagnose widersprechen, nämlich dem Überhandnehmen egoistischer Gleichgültigkeit: dem angeblichen Vorherrschen von Empathie- und Sympathielosigkeit. Trotz der, man darf es lobend beschreiben, gewaltigen Hilfsbereitschaft zeigen sich vielerorts Grenzen der finanziellen und organisatorischen Belastbarkeit. Nicht wenige Landräte und Bürgermeister sehen sich beinahe chaotischen Verhältnissen ausgesetzt. Selbst dort, wo es nicht dazu kommt, sind über die genannte Einbuße außenpolitischer Souveränität hinaus weitere erhebliche Verzichte erforderlich.

Offensichtlich, aber nicht immer so wahrgenommen, fallen diese jetzt innenpolitischen Verzichte bei staatlichen Beamten und Angestellten deutlich geringer aus, da ein Gutteil der Tätigkeiten in ihre Arbeitszeit fällt, als bei den zahllosen Ehrenamtlichen, die Freizeit opfern, nicht selten andere Tätigkeiten, auch ihre Präsenz in der Familie, im Freundeskreis und im Vereinsleben einschränken müssen. Nicht zuletzt müssen zum Teil heute noch Bürger auf übliche Dienstleistungen verzichten, da die bislang Verantwortlichen für die Flüchtlingsarbeit abgezogen werden. Dass dies in der Regel klaglos geschieht, belegt erneut, dass den beliebten negativen Einschätzungen zum Trotz die Bürgertugenden in unserer Gesellschaft eher blühen als verkümmern.

Die hier stattfindende Modalität, die Art und Weise, wie die Verzichte sich aufdrängen, steht zwischen dem Kapitänsbeispiel – ein vom Unwetter verursachter, insofern von außen kommender Notstand – und dem Beispiel der Bankenkrise, wo die Herausforderung von den Betroffenen deutlich mitverursacht wurde: Der Druck der Flüchtlingsbewegungen kommt für Europa von außen, auch wenn die Heimatländer, sofern ihre Unfreiheit und ihre Korruption wesentlich mitzuständig sind, eine innere Mitverantwortung tragen. Dass Europa dem

Druck nachgibt, schafft aber eine Mitzuständigkeit, die wiederum die zahllosen Ehrenamtlichen freiwillig mittragen.

Dass die Mitzuständigkeit für einige Länder wie Deutschland («Wir schaffen das»), lange Zeit auch für Skandinavien stärker zutrifft, für andere Länder kaum, da sie die Flüchtlinge entweder nicht ins Land lassen oder weiterschicken, sei nur in Klammern erwähnt. Ebenfalls in Klammern ist zuzugeben, dass die ziemlich großzügige Aufnahmebereitschaft mancher Länder von Teilen ihrer Bevölkerung nicht mitgetragen wird – und dadurch gestärkt wird, was man doch eigentlich verhindern wollte: einen Zulauf zu rechtspopulistischen Bewegungen.

Pandemie

Eine weitere Krise ist die vom Covid-19-Virus verursachte Massenerkrankung, die sich in kurzer Zeit über viele Länder und alle Kontinente verbreitete, sich damit zu einer weltweiten Epidemie, einer Pandemie, steigerte. Weder die vermuteten Ursachen für die Entstehung noch die Ursachen für die rasche globale Verbreitung stehen hier zur Untersuchung, auch nicht der glückliche Umstand, dass die – übrigens private, nicht öffentlich geförderte – Pharmaforschung in erstaunlich kurzer Zeit einen Impfstoff entwickelte, der dank seiner hohen Wirksamkeit und geringen Nebenfolgen rasch als Medikament zugelassen werden konnte.

In diesem Abschnitt aber geht es erneut lediglich um den Gesichtspunkt des Verzichts, wobei ich erwarte, dass manche anderer Meinung sein werden: Wegen der bald grassierenden Massenerkrankung glaubte die Politik in vielen Staaten (erheblich weniger in Schweden), Gebote und Verbote erlassen zu müssen, die ein so kostbares politisches Gut wie die Freiheit der Bürger stark einschränkten und es, glücklicherweise mittlerweile in geringerem Maß, immer noch tun. Soweit die

Freiheitsbeschränkungen als unerlässlich erscheinen, nehmen vernünftige Bürger sie mehr oder weniger klaglos hin. Aber schon damals, nicht erst im Nachhinein gesehen waren nicht alle den Bürgern zugemuteten Verzichte unstrittig notwendig (für meine Kritik siehe schon Höffe 2021).

Die Bedenken beginnen auf der verfassungsrechtlichen und staatspolitischen Ebene: dass den Regierungen und anderen Organen der Exekutive ein enormes Übergewicht eingeräumt wurde. Die an erster Stelle zuständige öffentliche Gewalt, die Gesetzgebung des Parlaments, wurde lange Zeit teils gar nicht, teils nur mit so kurzen Debatten tätig, dass die massiven gesellschaftlichen, wirtschaftlichen, politischen und kulturellen Folgen kaum mit der von der Sache her erforderlichen Gründlichkeit, einschließlich der Berücksichtigung guter Gegenargumente, erörtert wurden.

Von den vertretenen Maßnahmen dürften einige sachgerecht gewesen sein. Problematisch hingegen war es, dem Gesundheitsschutz den Rang eines Trumpfes zuzusprechen, der alle anderen Grundfreiheiten ausstechen durfte. Die bald verordnete Schließung von Schulen, Gaststätten und Geschäften, das Verbot zahlloser Kulturveranstaltungen und die Einführung von Ausgangssperren, kurz: der Lockdown, zwang den Bürgern massive Verzichte auf. Schon einzelne Eingriffe in die gewohnte Lebens- und Sozialkultur waren gravierend, die Gesamtheit jedoch ist kaum anders als katastrophal einzuschätzen.

Verzichte, die nicht hinreichend begründet, aber von oben erzwungen werden, degradieren die Bürger, die man über Jahrzehnte zu mündigen Bürgern erzogen hatte, beinahe von heute auf morgen zum Gegenteil, zu gehorsamen Untertanen. Die rechtlichen, politischen und sozialpsychologischen Folgen davon braucht man nicht im Einzelnen zu untersuchen, denn sie liegen auf der Hand.

Wer die Sachlage anders, im Wesentlichen positiv einschätzt, könnte im erlebten Lockdown ein Einüben in jene kollektiven Verzichte sehen wollen, die wir andernorts, insbesondere hinsichtlich Umwelt- und Klimaschutz, benötigen. Dazu drängt sich eine Frage auf, die weiter unten im Abschnitt «Den Planeten retten» weiter zu verfolgen ist: Inwieweit werden argumentativ zu wenig begründete, trotzdem rechtlich verordnete, also von oben erzwungene Verzichte der Grundverfassung unserem Gemeinwesen, der konstitutionellen Demokratie, gerecht?

Für ebenfalls nicht unbedeutend, wenn auch noch nicht katastrophal, kann man die Berichterstattung in den Medien ansehen. Der sonst doch selbstverständliche investigative Journalismus, der sich mit Hintergründen befasst und Regierungen, wenn erforderlich, massiv kritisiert, war kaum sichtbar.

Weitere Verzichte – nach meiner Einschätzung in mancher Hinsicht überflüssige Einschränkungen – kamen hinzu. Wir beginnen beim Impfstoff: Anfang März 2021 fehlte es an ihm im Vergleich mit einigen anderen Ländern erheblich. Während in Israel pro 100 Einwohner 105 Impfdosen verabreicht wurden, in den Emiraten 64, in Großbritannien 35, selbst in Serbien 26, waren es in Deutschland 10. Zu den Ursachen gehörte der für die Europäische Union seitens Deutschlands geforderte gemeinsame Einkauf der Impfdosen. Schon in monetärer Hinsicht dürften die Kosten der längeren Freiheitseinschränkungen die Ersparnis beim Einkaufspreis weit übersteigen.

Nicht zuletzt widerspricht diese Sparsamkeit beiden: dem in der Corona-Politik privilegierten Gesundheitsschutz und den enormen Geldsummen, die Deutschland im Rahmen seiner Corona-Politik ausgegeben hat – allerdings in einer Hinsicht nicht: Während Belgien die den Geschäftsleuten und den Kulturschaffenden versprochenen Gelder binnen weniger Wochen auszahlte, wartet man in Deutschland vielerorts noch heute. Dass die Betroffenen mittlerweile in Insolvenz gegangen sind oder nach langer Schließung kaum Personal finden, da dieses sich inzwischen andernorts Arbeit gesucht hat, muss man wohl dem Konto «überflüssige Verzichte» «gutschreiben».

Energiekrise

Zu den Folgelasten des Ukrainekrieges gehört eine Energieknappheit. Sie herrscht bekanntlich vor allem im Gasbereich, bei dem Länder wie Deutschland – ich schreibe diesen Abschnitt im Herbst 2022 – allzu stark von Russland abhängen. Hinzukommen, erneut vor allem in Deutschland, Selbsteinschränkungen, über die zwar politisch heftig gestritten wird, die aber trotzdem erwähnt werden dürfen: der rasche Stopp des Stein- und Braunkohleabbaus, das Veto gegen weiteren eigenen Atomstrom, obwohl man ihn etwa in Frankreich und den USA, überdies in China und Russland akzeptiert. Belgien verlängert die Betriebsdauer seiner Atomkraftwerke um zehn Jahre, und vorher atomskeptische Länder wie die Niederlande und Schweden setzen erneut auf Atomenergie.

Die Energieknappheit lässt die Preise, vor allem die des Gases, aufs Mehrfache steigen, was die Lebenskosten und die Inflation erhöht, bei vielen Menschen Einschränkungen im Leben – Verzicht auf Urlaub, Besuch von Gaststätten, Konsum etc. – verlangt und wegen der gestiegenen Bauzinsen bei nicht wenigen der lang gehegte Wunsch nach einem Eigenheim sich als nicht mehr realisierbar erweist. Nicht zuletzt ist in vielerlei Hinsicht Energie zu sparen: beim Heizen zuhause und in Gaststätten, in öffentlichen Gebäuden, bei Außenbeleuchtungen usw.

Nachdem die Inflationsrate auf eine seit vielen Jahren unbekannte Höhe von acht und mehr Prozent gestiegen ist, die Wirtschaftsleistung andernorts noch moderat steigt, in Deutschland hingegen sinkt, scheint sich hierzulande die Energiekrise zu einer Wirtschafts- und Gesellschaftskrise auszuwachsen. Diese immer wieder aufgestellte These verfehlt aber die Wirklichkeit. Vor allem aber zeichnet sich etwas, das gelegentlich befürchtet und immer wieder sogar behauptet wird, glücklicherweise nicht im Entferntesten ab: eine Krise der Demokratie. Auch wenn populistische Parolen leichter Gehör finden, zudem viele Bürger mehr oder weniger ausgesprochen die Demokratie mit einem Wohlstandsversprechen verbinden, das sie angesichts einer nicht mehr verlässlichen Wohlstandsvermehrung, sogar deren Einbuße für gebrochen halten, gibt es keine ernsthafte Sehnsucht nach autoritären Verhältnissen.

Wie sieht es mit den fraglos stattfindenden Verzichten aus: kühlere private und öffentliche Räume, keine geheizten Schwimmbäder, weniger Restaurantbesuche und Urlaube, Verzicht aufs geplante Eigenheim, usw.? Ohne Zweifel kommen sie zumindest auf Seiten der einzelnen Bürger von außen, sie sind ihnen also aufgezwungen. Eine Nebenfolge dürfte freilich willkommen sein: dass die Einschränkungen des Energieverbrauchs und des Konsums dem Umwelt- und Klimaschutz zugutekommen. Nach Ansicht der Internationalen Energieagentur (der International Energy Agency) beschleunigt die Energiekrise den klimafreundlichen Umbau der Weltwirtschaft. Für viele Geschäftsleute allerdings setzen sich im Konsumrückgang die von der Pandemie verursachten Umsatzverluste fort.

Viertes Zwischenspiel

Unvernünftige Verzichte?

Kaum einem menschlichen Phänomen ist die Verkehrung ins Schlechte oder sogar ins Böse fremd. Es ist vielmehr die Regel, dass nahezu alles auch missbraucht werden oder eine unvernünftige Form annehmen kann. Der Verzicht macht hier keine Ausnahme, was beispielhaft in drei Hinsichten erläutert wird: als Leibfeindlichkeit, als ein angebliches Recht auf Faulheit und als der erneut vielleicht nur angebliche Geist des Kapitalismus.

Altersdiskriminierung und Leibfeindlichkeit

Unseren Zeiten, in denen jugendliche Schönheit und Frische sowie zu deren Unterstützung Schlankheitsdiäten und Fitnessprogramme hoch im Kurs stehen, scheint das zweite Stichwort, die Leibfeindlichkeit, unbekannt zu sein. Trotz der genannten Phänomene triff das aber nicht generell zu. Zum einen sind körperliche Optimierungspraktiken nicht quer durch alle Bevölkerungsschichten, sondern vor allem in der gebildeten Mittel- und Oberschicht verbreitet. Zum anderen sind ihnen ambivalente Züge nicht immer fremd. Um sich körperlich und – gemäß der lateinischen Redewendung «mens sana in corpore sano» («ein gesunder Geist in einem gesunden Körper») – auch geistig frisch zu halten, sind die Dinge fraglos zu begrüßen. Sie können aber auch Zeichen einer Angst vor dem Älterwerden sein, deutlich sichtbar an der wachsenden Nachfrage nach Schönheitschirurgie, die Falten und viele andere Merkmale eines nicht mehr so jugendlichen Körpers ausmerzen soll.

Allzu rasch sollte man das aber nicht anprangern. Warum sollte es nicht erlaubt sein, beim morgendlichen Blick in den Spiegel etwas frischer, auch ein wenig jugendlicher auszusehen? Auch darf man, soweit es an einem selbst liegt, seine Chancen in der Berufswelt und im gesellschaftlichen Leben zu erhöhen suchen.

Allerdings ist mindestens so stark «die Gesellschaft» gefragt, um der vielerorts drohenden Altersdiskriminierung entgegenzutreten. Die wissenschaftliche Altersforschung kann dabei helfen: Denn sie hat längst erkannt, dass Menschen noch lange körperlich, geistig, sozial und emotional frisch bleiben können, deutlich sichtbar in den mit der gestiegenen Lebenserwartung «gewonnen Jahren». Viele der heutigen Mittsechziger entsprechen – nicht nur nach ihrer subjektiven Einschätzung, sondern auch nach objektiven Kriterien – Personen, die früher zehn oder sogar fünfzehn Jahre jünger eingeschätzt worden wären. Die wirtschafts- und sozialpolitischen Folgen liegen auf der Hand – etwa, dass man die Berufswelt und die Bildungswelt verändern, aber auch die Fixierung auf ein für alle Berufsgruppen und Individuen gleiches Renteneintrittsalter aufgeben sollte. Der hier entscheidende Verzicht: Wirtschaft, Gesellschaft und Politik müssen sich von Jugend und Jugendlichkeit im Sinne starr vorgegebener Muster lösen.

Erfreulicherweise hat mancherorts schon eine Gegenbewegung begonnen. Anfänge sind in der bildenden Kunst schon seit langem zu beobachten. In Dürers Gemälde «Mutter», in Rembrandts Portraits älterer Personen und in zahlreichen späten Selbstbildern europäischer Malergrößen wird das Alter nicht idealisiert – und erscheint trotzdem weniger in seiner Hinfälligkeit und Schwäche als in einer von Lebenserfahrung und Lebensleistung getragenen Gelassenheit. Es gibt eigene Frauenmagazine für die «dritte Lebenshälfte», und für die sogenannten Bond-Girls werden nicht mehr bloß zwanzig- oder höchstens dreißigjährige, sondern ältere Frauen ausgesucht. In anderen Filmen erhalten ältere Schauspieler und Schauspielerinnen nicht nur Neben-, sondern ausdrücklich Hauptrollen. In Kulturreisen, in Vorlesungen für Hörer aller Fakultäten, auf der Bühne, im Orchestergraben und am Dirigentenpult und vielerorts mehr sind häufig Ältere zu erleben.

Die Altersdiskriminierung ist nicht bloß ein Problem «der Gesellschaft», sondern auch eines einzelner Menschen selbst. Nicht immer sind nur die anderen schuld. Es versteht sich nämlich von selbst, dass kaum ein Mensch ohne Schwierigkeiten älter wird. Altern will gelernt sein, in Worten von Hermann Hesse: «Auf eine menschenwürdige Art alt zu werden und jeweils die unserem Alter zukommende Haltung oder Weisheit zu haben, ist eine schwere Kunst.» Aber auch in anderen Lebensphasen ist Lebenskunst willkommen, in gewisser Weise sogar unabdingbar. Denn die folgende Anschlussfrage zur Alterskunst drängt sich doch auf:

Verlaufen die Zeiten der Pubertät, des Einstiegs ins Erwerbsleben und in eine berufliche Karriere usw. ohne Schwierigkeiten? Wenn man in diesen Zusammenhängen von Verzicht sprechen will, so dürfte er vor allem darin liegen: In der jeweiligen Lebensphase, in der man sich befindet, sollte man sich nicht an Vorbildern anderer Lebensphasen orientieren – der Jugendliche nicht am Lebenserfolg sowie an der ihn begleitenden Anerkennung fortgeschrittenen Erwachsenseins und der Ältere weder an frischer oder schöner Körperlichkeit noch an der emotionalen Unbekümmertheit der Jugend.

Wenden wir uns dem anderen Stichwort dieses Abschnitts zu, der Leibfeindlichkeit: Tatsächlich sind unserer Gegenwart, nicht nur in pietistischen Kreisen, sinnenfeindliche Neigungen und, mit Vorsicht vermutetet, die damit zusammenhängende Magersucht nicht fremd. Der Leibfeindlichkeit, einem

Gegensatz zu Völlerei und anderen Arten von Unmäßigkeit, liegt ein maßlos übertriebener Verzicht zugrunde. Ihm tritt man vernünftigerweise nicht mit einem Verzicht auf jeden Verzicht entgegen. Vielmehr pflege man jenen souveränen Umgang mit Leiblichkeit und Sinnlichkeit, die beide Grundformen der Ethik kennen: die Eudaimonie-Ethik als Tugend der Besonnenheit und die Autonomie-Ethik als eine Pflicht gegen sich, als Gebot, sich selbst so weit gütlich zu tun, dass man sein Leben und die Gesundheit des eigenen Körpers nicht geringschätzt, sondern sich um diesen sorgt und am eigenen Leben ein Vergnügen findet.

Abgesehen von zwei knappen Hinweisen kann der geistesgeschichtliche Hintergrund der Leibfeindlichkeit hier außer Betracht bleiben. Zum einen droht bei einigen Vertretern des antiken Neuplatonismus die Gefahr, die geistige und geistliche Seite des Menschen zu überschätzen und in Folge alle Sinnlichkeit zu verachten. Eine ähnliche Gefahr droht bei einer Radikalform der religiösen Orden, der Mönchsasketik. Während nach einer zweifellos vernünftigen, namentlich von den Benediktinern geübten Ordensregel die Mönche oder Nonnen «beten und arbeiten» («ora et labora») sollen, zielt nur eine übertriebene Mönchsasketik, was als widervernünftig einzuschätzen ist, auf eine Selbstpeinigung ab.

Die Sachkritik an der Leibfeindlichkeit kann sich kurzfassen, da die entscheidenden Argumente auf der Hand liegen. Als erstes sprechen pragmatische Gründe dagegen, etwa dass die meisten Menschen damit heillos überfordert werden; dass bei einer von der Menschheit insgesamt kompromisslos geübten Praxis der Leibfeindlichkeit, also beim Verweigern aller Nahrung, Kleidung und des Schlafs sowie der Sexualität, die Menschheit aussterben würde. Letztlich entscheidend ist freilich nicht der pragmatische, sondern der anthropologische Grund, also die Conditio humana, mithin das Wesen des Menschen. Nach dem allem Streit enthobenen, bis zur Antike zurückgehenden Begriff ist der Mensch kein reines Vernunftwesen. Er ist in «ontologischer» Sprache kein Engel, sondern ein vernünftiges Lebewesen beziehungsweise ein vernunftbegabtes Tier, ein *animal rationale*, das nicht bloß zufällig, sondern wesentlich als körperliche Lebensform existiert.

Ein Recht auf Faulheit?

Die Mühen der Arbeit einmal abzuschütteln, nicht nur vorübergehend wie im Urlaub und in der Freizeit, sondern auf Dauer, ist ein Wunschtraum, der im Laufe der Menschheitsgeschichte immer wieder auftaucht. Aktuell wird er vor allem in Zeiten, in denen die Menschen unter der Last ihrer Arbeit leiden und selbst dann, wenn sie «sich abschuften», von Hunger geplagt werden.

In den wohlhabenden Ländern des Westens allerdings träumt man vom Verzicht auf Arbeit eher aus anderen Gründen. Beispielsweise, wenn man unter Erfolgsdruck und Konkurrenzkampf leidet oder unter ständiger Erreichbarkeit. In Zeiten der Covid-Pandemie ist es die hybride Arbeitswelt – dass teils zuhause, teils im Betrieb gearbeitet wird –, durch welche Überlastung, Erschöpfung und Überarbeitung intensiviert werden, womit die Gefahr, gemäß dem Burnout-Syndrom sich ausgebrannt zu fühlen, deutlich wächst.

Diese Unterschiede können jedoch im Hintergrund bleiben. Entscheidend ist, dass man sowohl in bitterarmen als auch wohlhabenden Ländern von jenem Faulenzerland radikalen und umfassenden Arbeitsverzichts träumt, in dem die Müßiggänger es sich trotzdem «wohlsein» lassen. In diesem Land, in dem, wie es sprichwörtlich heißt, Milch und Honig fließen, die gebratenen Tauben dem Trägen in den Mund fliegen und die Bratwürste an den Zäunen wachsen, gilt der Fleiß als das größte Laster und die Faulheit als die höchste Tugend. Aus gutem Grund trägt dieser Traum den Namen Schlaraffenland, was wörtlich nicht bloß Faulenzer-, sondern auch Torenland heißt. Denn der Ausdruck geht auf *slûr*: Faulenzer, und *affe* im Sinne von Tor zurück. Bei einem Lebewesen, das Bedürfnisse hat und sich die dafür erforderlichen Güter beschaffen muss, ist es nämlich eine Torheit, Arbeiten zu bestrafen und das Faulenzen zu belohnen.

Selbst die politischen Utopien versteigen sich nicht zu dieser Ansicht, die man aus dem eben genannten Grund – der Notwendigkeit, die zum Leben unverzichtbaren Güter sich zu erarbeiten – als Dummheit einschätzen darf. Im Gegenteil muss im Vorbild und Muster politischer Utopien, in Thomas Morus' Schrift *Von der Staatsverfassung und der neuen Insel Utopia*, jedermann arbeiten und werden Trägheit und Müßiggang bestraft.

Der Schwiegersohn von Karl Marx, der französische Sozialist und Arzt Paul Lafargue, sieht das anders. Die frühe europäische Arbeiterbewegung vertrat ein Recht, das keineswegs alle Aktualität verloren hat, nämlich ein Recht auf Arbeit im Sinne des Rechts, statt arbeitslos zu sein, einen Arbeitsplatz zu haben, durch den man sein Auskommen findet. Von ihm als «seltsame Arbeitssucht» gegeißelt, widerspricht Lafargue in seinem Essay *Das Recht auf Faulheit* (1880) dieser Auffassung frontal.

Man muss den Titel des knappen Textes freilich nicht wörtlich verstehen, als ob Lafargue wirklich annahm, an geeigneter Stelle, vielleicht im Grundrechtskatalog einer Verfassung, sollte das Recht auf Faulheit verbürgt werden. Besser liest man das Büchlein als eine schwungvolle Satire, als einen wortgewaltigen Angriff auf eine auf die Arbeit fixierte Gesellschaft und die ihnen entsprechenden Menschen. In der Tat braucht man weder die Arbeitswelt zu glorifizieren noch die heute gar nicht so seltene Arbeitssucht leugnen. Im Unterschied etwa zu Alkohol-, Drogen- oder Medikamentensucht besteht der «Workaholismus» in der Abhängigkeit nicht von gewissen Substanzen, eben Alkohol, Drogen oder Medikamenten. Arbeitssüchtig ist vielmehr, wer für sein Wohlbefinden und seinen Lebenserfolg nur die Arbeit kennt und unfähig ist, mit ihr einmal Schluss zu machen, um zumindest seine Freizeit anderweitig zu genießen.

Immer wieder wird dem zeitgenössischen Leben vorgeworfen, es sei allzu stark auf die Arbeits- und Berufswelt fixiert, würde daher die Gefahr der Arbeitssucht befördern. Gegen den Vorwurf spricht, dass in der Wirtschaftswelt in den letzten Jahrzehnten sowohl die wöchentliche als auch die jährliche Arbeitszeit gesunken ist und dass in der Gesellschaft die sogenannte Work-Life-Balance – ein ausgewogenes Verhältnis von Berufs- und Privatleben – mehr und mehr an Bedeutung gewinnt. Andererseits scheint der Arbeitsdruck seitens der Arbeitgeber gestiegen zu sein. Dies wird, wenn auch nur indirekt, sichtbar an einem vermutlich verdoppelten Krankenstand und am Umstand, dass nicht wenigen Arbeitnehmern ein geringerer Arbeitsdruck wichtiger erscheint als eine bessere Bezahlung.

Zu den Gründen für den erhöhten Arbeitsdruck dürften eine Verdichtung der Arbeit, eine erhöhte Leistungserwartung, ein Sparzwang und der international gewachsene Konkurrenzdruck gehören. Zudem könnte die Digitalisierung, statt die Tätigkeiten wie erwünscht zu vereinfachen, ihre Komplexität erhöht haben. Und bei Hochschullehrern ist das Lehrdeputat trotz zunehmender Betreuungspflichten um bis zu 50 Prozent gestiegen.

Die Frage, ob und inwieweit der Arbeitsdruck gestiegen ist, braucht hier aber nicht beantwortet zu werden. Entscheidend für eine Auseinandersetzung mit Lafargues Vorschlag eines Rechts auf Faulheit ist das beträchtliche Potential an humaner Selbstverwirklichung, das, wie oben skizziert, der Arbeit innewohnt. Wegen dieses Potentials muss der radikale und umfassende Verzicht auf Arbeit als ein unvernünftiges Ideal gelten. Dabei bleibt es sich gleich: Ob man das Recht auf Faulheit in den Rang eines Grundrechts erhebt oder nur als Einstellung der Gesellschaft favorisiert: Das Faulenzerland ist ein Torenland.

Geist des Kapitalismus?

Gut beleumdet ist der Kapitalismus nicht, man wirft ihm bald direkt, bald indirekt das Laster der Habgier vor. Noch weniger schätzt man dessen neue oder erneuerte Macht, die man als Neoliberalismus bezeichnet. Denn ihm lastet man das unendliche Gewinnstreben an, das sich in der Wirtschafts- und Finanzwelt breitmache und nichts weniger als die Leitideen des modernen Staates – Freiheit, Demokratie und soziale Verantwortung – untergrabe. In dieser Einschätzung des Kapitalismus liegt der Grund, ihn hier, im Kapitel vernünftig scheinender Arten des Verzichts, zu behandeln: Denn gegenüber der vorherrschenden Abneigung gegen den Kapitalismus, die auf eine Beschränkung des Gewinnstrebens setzt, sind durchaus Zweifel erlaubt.

Eine Schwierigkeit der folgenden Überlegungen sei vorab erwähnt. Es gibt nicht den einen Kapitalismus, sondern verschiedene Begriffe von ihm. Sie auszubreiten, ist aber nicht Aufgabe dieses Essays. Es genügt, einleitend zwei grundlegende Verständnisse zu unterscheiden. Nach dem einen, eher systematischen Begriff ist Kapitalismus eine Wirtschafts- und Gesellschaftsform, die sich durch das Recht auf Privateigentum und dessen staatlichen Schutz, durch freien Wettbewerb und Gewinnstreben sowie, hier wird es schon schwieriger, durch ein bestimmtes Verhältnis zum Geld als Ware, dem Kapital, auszeichnet.

Nach dem anderen Verständnis handelt es sich um eine bestimmte Wirtschaftsepoche, in der zum einen Wirtschaft und Handel einen früher kaum vorstellbaren Aufschwung nahmen, aber auch große Teile der Bevölkerung in Armut und Elend lebten. Diese Sachlage rief wirtschafts- und gesellschaftspolitische Gegenbewegungen wie den Sozialismus und den Marxismus auf den Plan – später aber auch Wege und Maßnahmen, die den Kapitalismus, dann Marktwirtschaft genannt, mit einer kräftigen Dosis Sozialstaatlichkeit einhegten. Im Folgenden konzentriere ich mich bewusst auf jenes spezielle Problem, das – für viele überraschend, für manche vielleicht sogar ärgerlich – den Leitbegriff dieses Essays, den Verzicht, im Kapitalismus entdeckt, dort sogar an prominenter Stelle.

Ich beziehe mich auf einen der bedeutendsten Theoretiker des Kapitalismus, Max Weber. Dieser weltweit hochgeschätzte Soziologe und Universalhistoriker erkennt zwar den Kapitalismus als die «schicksalsvollste Macht unseres modernen Lebens» an. Den Grund sieht er aber nicht im Gewinnstreben selbst, schon gar nicht in dessen Maßlosigkeit als Habgier, denn das findet der kenntnisreiche Erfahrungswissenschaftler «bei Kellnern, Ärzten, Kutschern, Künstlern, Kokotten, bestechlichen Beamten», selbst «Bettlern», kurz: bei «all sorts and conditions of men». Nach dieser schwerlich zu bestreitenden Diagnose wurde das Gewinnstreben – also das, was nach moralischen Begriffen ein verwerfliches Laster ist und dann Habsucht oder Habgier heißt – vom Kapitalismus jedenfalls nicht erfunden. Es ist vielmehr allgemeinmenschlicher Natur, weshalb beispielsweise (wie weiter oben zitiert) schon vor mehr als viereinhalb Jahrtausenden die Ägypter davor warnten: «Hüte dich vor der Verführung zur Habgier, denn sie ist eine schlimme, unheilbare Krankheit. Ein Sack ist sie, voll von allem Hassenswerten, ein Bündel von allem Übel.»

Für den Kapitalismus ist etwas anderes charakteristisch, laut Weber eine Rationalität und Rationalisierung, die sich in jeweils sachgerechter Form in vielen Kulturerscheinungen des Westens ausgebildet habe: als rationale Wissenschaft, als rationales Ingenieurwesen, als rationale Rechtstheorie, als rationale harmonische Musik, in der Verwaltung der Fachbeamten und eben auch im Geschäftsleben. Hier, in der Wirtschaft und im Finanzwesen, führe die Rationalisierung nicht etwa zu einer Übersteigerung des Gewinnstrebens. Tatsächlich finde das Gegenteil statt, eine Bändigung oder Mäßigung des an sich irrationalen Gewinntriebs. An die Stelle einer unmittelbaren und unüberlegten Hingabe an die Habgier tritt der kontrollierte und insofern souveräne Umgang mit ihr. Der Kapitalismus als Geschäftsmodell beruhe auf einer Rechnung, die «in Geld aufgemacht wird», der Kapitalrechnung, die nun den erhofften Gewinn mit dem Ziel kalkuliere, ihn auf Dauer zu erreichen.

Weber nennt die einschlägige Mäßigung der Gewinnsucht eine «Temperierung». Sie beläuft sich auf einen Verzicht auf den jeweils momentan möglichen Höchstgewinn. Das Wesen dieses Verzichts besteht in einem außergewöhnlichen Tausch. Während der gewöhnliche Tausch zwischen verschiedenen Personen, also interpersonal stattfindet, geht es hier um einen Tausch innerhalb einer Person – um einen intrapersonalen, aber phasenverschobenen Tausch. Wenn beispielsweise jemand Geld anlegt, so tauscht er das gegenwärtige Geld gegen den für die Zukunft erhofften, aber derzeit noch unsicheren Gewinn.

Der Verzicht auf die untemperierte Gewinnsucht bezweckt einen nachhaltigen, nämlich immer wieder zustande kommenden Gewinn. Im Rahmen des allgemeinmenschlichen Gewinnstrebens lässt sich nun dieses Auf-Dauer-Stellen des Gewinns, seine Verlässlichkeit, kaum als schlechthin verwerflich einschätzen. Daher steht hinter dem Titel dieses Abschnitts ein Fragezeichen: Man muss zwar nicht leugnen, dass es in kapitalistischen Gesellschaften extrem reiche Personen gibt. Allerdings stammt das Vorbild für immensen Reichtum schon aus der Antike: Der letzte König von Lydien, Krösus oder Kroisos, war für seinen unermesslichen Reichtum bekannt, allerdings auch für jene Freigebigkeit großen Stils, die von Rockefeller und Carnegie bis zu Jeff Bezos und Bill Gates – allesamt US-amerikanische Krösusse – gepflegt wird.

Die englische Schriftstellerin Joanne K. Rowling verfasste ihre Harry Potter-Romane doch nicht, um reich zu werden, sondern aus Lust am Fabulieren, auch wenn sie den unerwarteten riesigen Wohlstand kaum verachtet haben dürfte. Nicht zuletzt fließt je nach Steuersystem ein erheblicher Teil der

Gewinne, mancherorts auch des Vermögens, in die Staatskassen. Das ist aber nicht der hier entscheidende Punkt, sondern vielmehr die Einsicht, dass der dem Kapitalismus innewohnende Verzicht nicht als eine unvernünftige Form der Selbstbeschränkung beurteilt und verurteilt werden muss.

Laut Weber kommen für den mittlerweile fast globalen Siegeszug des Kapitalismus weitere Faktoren hinzu: die Trennung von Haushalt und Betrieb, die Institution der Börse, eine rationale Rechts- und Verwaltungsordnung. Nicht zuletzt hält Weber eine Lebenshaltung für wichtig, die der Titel seiner weltberühmten Abhandlung *Die protestantische Ethik und der Geist des Kapitalismus* (1904–1905) ankündigt. Es sind jene Vorstellungen eines asketischen Protestantismus, die als «asketische Weltverneinung» den kontinentaleuropäischen Calvinismus und den angloamerikanischen Puritanismus beherrschen. Deren Weltverneinung, also ein tiefreichender Verzicht, bringt paradoxerweise die konkurrenzlos erfolgreichsten Geschäftsleute hervor. Dem liegt, so heißt es zu Beginn des zweiten Abschnitts der genannten Abhandlung, eine für unser Thema wichtige Unterscheidung zugrunde: «Der Reichtum als solcher ist eine schwere Gefahr, (…) das Streben danach nicht nur sinnlos gegenüber der überragenden Bedeutung des Gottesreichs, sondern auch sittlich bedenklich.» Verwerflich ist jedoch allein «das *Ausruhen* auf dem Besitz, der *Genuss* des Reichtums mit seiner Konsequenz von Müßigkeit und Fleischeslust». Hier verbindet sich der Verzicht auf die untemperierte Gewinnsucht zum Zweck einer verlässlichen Rentabilität mit einem zweiten und einem dritten Verzicht.

Als Zweites habe man nach Ansicht des asketischen Protestantismus ein in der Sache später von Lafargue erklärtes Recht auf Faulheit aufzugeben. Denn: «Zeitverlust durch Geselligkeit, ‹faules Gerede›, Luxus, selbst durch mehr als der Gesundheit nötigen Schlaf – 6 bis höchstens 8 Stunden – ist sittlich absolut verwerflich.» Häufig kommt noch eine übermäßige, gelegentlich bis zum Exzess getriebene Sparsamkeit im persönlichen Leben hinzu. Schließlich soll man drittens auf sinnliche Freuden, vor allem auf sexuelle Lust verzichten. Erst mit diesen beiden Zusatzverzichten zeigt der Geist des Kapitalismus, *sofern* er dem asketischen Puritanismus entstammt, eine dunkle Seite. Sie besteht aber nicht in einem angeblichen maßlosen Gewinnstreben, sondern in einer Leib- und Sinnenfeindlichkeit.

Max Webers These von protestantischen Wurzeln des modernen Kapitalismus ist zu Recht umstritten (s. z. B. Sombart 2 1927). Ein erstes klares Gegenargument liegt in der Sprache des Finanzwesens. Die entscheidenden Ausdrücke sind nämlich älter als der asketische Protestantismus. Sie stammen zudem aus dem katholischen Italien: *banca, capitale, conto, credito* usw. Im Übrigen spielen für Geldgeschäfte sehr früh religiöse Minderheiten eine überragende Rolle, etwa die Juden in christlicher und die Armenier in muslimischer Umgebung. Ohnehin ist der für den «Geist des Kapitalismus» wesentliche Verzicht, nämlich der auf die untemperierte Gewinnsucht, nicht notwendig mit den beiden anderen Verzichten verklammert. Der einschlägige Menschentyp, der Kapitalist im Sinne eines «Rationalisten des Gelderwerbs», hat daher keine Schwierigkeiten, sich nicht bloß von einer protestantischen Herkunft, sondern sogar von aller religiösen Prägung freizumachen.

Weil das rationale Gewinnstreben, das dann als Kern übrigbleibt, jedem Geschäftsmann jeglicher Kultur, Weltanschauung und Religion (Religionslosigkeit eingeschlossen) den dauerhaften Gewinn ermöglicht, beherrscht dieses von aller Religion längst emanzipierte Geschäftsdenken mittlerweile so gut wie überall die Finanz- und Wirtschaftswelt. Dessen Kern, ein zum Zweck der Nachhaltigkeit gemäßigtes Gewinnstreben, lässt sich schwerlich als eine dunkle Seite der Selbstbeschränkung deuten.

Zum Schluss dieses Abschnitts empfiehlt sich noch eine Bemerkung zum Umstand, dass man, wie schon angemerkt, unter dem Ausdruck des Kapitalismus nicht nur das hier erörterte

Phänomen eines rationalen Umgangs mit dem allgemeinmenschlichen Gewinnstreben versteht. Nicht selten meint man vielmehr jene allgemeine Wirtschafts- und Gesellschaftsordnung, die im Gegensatz zu einem strengen Sozialismus Privateigentum zulässt und anders als überwiegende Planwirtschaft dem freien Markt von Angebot und Nachfrage mitsamt dem von Adam Smith hervorgehobenen aufgeklärten Selbstinteresse, nicht zuletzt dem Kreativität fördernden Wettbewerb, viel zutraut.

Dieser freie Markt, man kann es schwerlich leugnen, hat im Vergleich zum realen Sozialismus die doch ziemlich wohlhabenden Gesellschaften des Westens hervorgebracht. Zudem herrscht er hierzulande auch außerhalb der Wirtschaft vor: in den Wissenschaften mitsamt Medizin und Technik, in der facettenreichen Kultur, im Sport und, das darf eine voreilige Kritik nicht verdrängen, in der Politik einschließlich der Bürgergesellschaft. In all diesen Bereichen hat der freie Markt eine beträchtlich blühende Gesellschaft geschaffen.

Gleichwohl drohen zum Teil erhebliche Gefahren. Gegen sie, die dunkle Seite eines puren Kapitalismus, haben die westlichen, vor allem die europäischen Demokratien als starkes Gegengewicht die Sozialstaatlichkeit geschaffen. Sobald man die fraglos bestehenden Gefahren eines rationalen Gewinnstrebens steuerpolitisch eingrenzt und, wo nötig, sozialstaatlich abfedert, verdient der Kapitalismus nicht die immer noch beliebte Pauschalverurteilung. Die Frage allerdings, ob der Sozialstaat mittlerweile zu einem Fürsorgestaat überentwickelt worden oder immer noch zu schwach ausgebildet ist, ist politisch umstritten und hier nicht zu entscheiden. Vielleicht liegt es aber nahe, auf die primär negative Kennzeichnung der europäischen Demokratien als kapitalistische zu verzichten und den Ausdruck, obwohl er etwas abgegriffen ist, der sozialen Marktwirtschaft vorzuziehen.

5.

Ein fünftes Verzichtsmuster

Den Planeten retten

Unsere liberalen, überdies ziemlich wohlhabenden Gesellschaften achten bei den Krisen in der Welt vornehmlich auf diejenigen, bei denen sie mitschuldig oder sogar hauptverantwortlich sind. Bei den zwei (schon seit längerem) größten Aufgaben, bei den wahren Menschheitsaufgaben, dem Umweltschutz und dem Klimaschutz, darf man aber ein Problem nicht deshalb verdrängen oder gar verharmlosen, weil es nicht bei uns, sondern in anderen Ländern auftaucht: die Bevölkerungsexplosion. Zuvor ist jedoch eine Problematik anzusprechen, welche die Krisenbewältigung erschwert: die Panikmache.

Bei all diesen Themen sind selbstverständlich Einzelpersonen mitgefordert. Dieses Kapitel konzentriert sich aber auf die andere, mindestens ebenso wichtige Seite, auf die Gemeinwesen, die einzelnen Staaten und ihre Gesamtheit, einschließlich der dafür erforderlichen internationalen Absprachen. Bisher standen persönliche Verzichte im Vordergrund, jetzt kommt es vor allem auf kollektive Verzichte an, von denen ich drei als besonders wichtig heraushebe. Nötig werden kollektive Verzichte erstens hinsichtlich der Bevölkerungsexplosion, zweitens wegen der Überbeanspruchung der Natur und drittens im Blick auf das Klima.

In einem weiteren Verständnis des Ausdrucks geht es bei

der Aufgabe, mit der dieses Kapitel beginnt, nämlich Gefahren der Panikmache entgegenzutreten, auch um einen kollektiven Verzicht. Denn die Panikmache kann sich nur dann breit machen, wenn sie von gesellschaftlichen Kräften und insofern kollektiv getragen wird.

Wider Panikmache

In Krisenzeiten machen sich Menschen verständlicherweise Sorgen. Je nach Ausmaß der Krise und persönlichen Einstellungen können sich allerdings die berechtigten Sorgen zu einer Angst steigern, die Menschen lähmt, statt sie zu umsichtigen, wenn nötig auch raschem Handeln zu befähigen. Wir diskutieren das Problem zunächst auf einer grundsätzlichen Ebene, und zwar mit Bezug auf einen Disput zwischen den Philosophen Bloch und Jonas, und dann beispielhaft an zwei Problembereichen, der «Virokratie» und den «Grenzen des Wachstums».

Ein freilich nur indirekt geführter Disput zwischen zwei Philosophen eröffnet uns auf einer grundsätzlichen Ebene die Frage nach einem vernünftigen Maß an hoffnungsfroher Zuversicht und an warnender Furcht. Es sind zwei Denker von der Statur alttestamentarischer Propheten: Ernst Bloch und Hans Jonas. Bloch hatte schon in seinem frühen Werk *Der Geist der Utopie* (1918) ein Prinzip für eine humane Gesellschaft vertreten, das er vier Jahrzehnte später zum Leitbegriff und Leitmotiv eines dreibändigen Opus magnum erklärt: *Das Prinzip Hoffnung* (1956–1959).

Angetrieben von der Sorge um die seines Erachtens in ihrer Menschlichkeit bedrohte Weltgesellschaft antwortete Jahrzehnte später Hans Jonas mit einem *Prinzip Verantwortung: Versuch für die Ethik einer technologischen Zivilisation* (1979). Eine Besonderheit dieses Werks ist ohne alle Frage wichtig, für die Existenz unserer Gattung sogar unverzichtbar: Die Menschheit darf nicht länger ihre bisher gepflegte gewissenlose Überbeanspruchung der Natur fortsetzen. Denn andernfalls verlöre unser Planet sein humanes Angesicht, womit die Lebenschancen künftiger Generationen erheblich beeinträchtigt würden. Um diese Katastrophe apokalyptischen Ausmaßes zu verhindern, setzt sich Jonas mit allem Nachdruck für jene «Heuristik der Furcht» ein, die dem Prinzip Hoffnung nicht jedes Recht abspricht, die Einstellung der Furcht jedoch entschieden vorzieht. (Eine Alternativdiagnose zu Jonas habe ich 1991 unter dem Titel *Moral als Preis der Moderne. Ein Versuch über Wissenschaft, Technik und Umwelt* entworfen.)

Kaum jemand wird bestreiten, dass es sowohl für einzelne Menschen als auch für Staaten und am Ende auch für die globale Staatengemeinschaft klug ist, beide Prinzipien anzuerkennen – und auf diese Weise von den Vertretern beider Prinzipien einen gewissen Verzicht zu fordern, nämlich den auf exklusive Gültigkeit. Wenn man aus guten Gründen die enorme Gefahr anerkennt, der die Menschheit heutzutage ausgesetzt ist, besagt die dafür zuständige Tugend, die bei Gefahrensituationen geforderte Tapferkeit oder Courage, beide Extreme zu vermeiden: das blinde Vorpreschen und das schreckhafte Zurückweichen. Die erste Haltung wird zweifellos von Bloch selbst nicht favorisiert. Wer aber sich lediglich von Hoffnung leiten lässt, folglich die Gefahrensituation herunterspielt oder gar verdrängt, der kommt der Gedankenlosigkeit des Vorprellens nahe. Lässt man hingegen beinahe «alle Hoffnung fahren», dann droht das andere Extrem: die von (fast) aller Hoffnung entleerte Furcht.

Unter dem Stichwort dieses Abschnitts – «Wider Panikmache» – befassen wir uns nicht mit den Gefahren einer verabsolutierten Hoffnung, sondern nur mit Jonas' Heuristik der Furcht, und konzentrieren uns dabei auf einen einzigen Gesichtspunkt: dass Jonas die Einstellung der Furcht zwar für generell geboten hält, sie aber trotzdem im Wesentlichen nur auf ein – angeblich – maßloses Technikvertrauen und die unter anderem daraus folgenden Umwelt- und Klimaprobleme bezieht. Diese Einschränkung wirft eine Frage auf, deren Antwort auf eine kräftige Prise Skepsis gegen Jonas hinausläuft:

Warum soll die Heuristik der Furcht, wenn sie dem Prinzip Hoffnung generell überlegen sein soll, nicht auch andernorts sinnvoll, sogar geboten sein? Um das «andernorts» zu konkretisieren, nenne ich exemplarisch zwei Lebensbereiche, und zwar als ersten den Bereich der Bildung. Weil nach einschlägigen Vergleichen unserem Land in diesem Bereich kein positives Zeugnis ausgestellt wird, legt Jonas' Heuristik der Furcht die Erwartung nahe, dass in absehbarer Zeit der nachwachsenden Generation jenes Maß an Bildung fehlen wird, das sie braucht, um einerseits mündige Bürger werden und andererseits für ihren Lebensunterhalt selbst einstehen zu können.

Kaum weniger bedeutsam sollte eine Heuristik der Furcht bei der für die zeitgenössische Demokratie so wichtigen Bürgergesellschaft sein. Vermutlich ist sie zwar für jene Gruppen nicht aktuell, an die man hier häufig gar nicht denkt: für die vielen ehrenamtlich Tätigen, die dabei – nur nebenbei bemerkt – nicht nur auf einen erheblichen Teil ihrer Freizeit verzichten, sondern zugleich auch auf die Möglichkeit, ihre Zeit in finanzieller Hinsicht gewinnbringender zu verbringen. Größere mediale Aufmerksamkeit findet jedenfalls ein anderer, aktivistischer Teil der Bürgergesellschaft, mit Bezug auf den die Heuristik der Furcht fraglos relevant ist. Denn bei manchen Aktivisten und ihren Aktionen – neuerdings vor allem: für den Umwelt- und den Klimaschutz – ist zu befürchten, dass sie für sich ein Privileg auf Gewaltausübung beanspruchen, das jedoch eine rechtsstaatliche Demokratie von ihrem Wesen her und aus Selbstachtung niemandem, auch nicht den Klimaaktivisten, zugestehen kann und darf. (Allerdings kann man sich nicht sicher sein, dass eine so liebenswürdige Persönlichkeit wie Hans Jonas tatsächlich die entsprechende Gewalt befürwortet hätte.)

Neuerdings muss man das «nicht kann und darf» freilich einschränken. Denn eine rechtsstaatliche Instanz, das Amtsgericht Flensburg, hat den sogenannten radikalen, also auch zur Gewalt bereiten Klimaprotest zu einem «rechtfertigenden Notstand» erklärt. Die Fachpresse hält dies allerdings für ein «juristisches Einhorn», also für eine juristische Einschätzung, die sich in den höheren Gerichten als ein Fabelwesen erweisen wird.

Die Gewaltbereitschaft weist auf ein grundsätzliches Problem hin. Schon in der frühen Jonas-Rezeption wurde es von etlichen Jonas-Anhängern übersehen oder verdrängt: Im Fortgang seines Werks *Prinzip Verantwortung* plädiert der Philosoph für eine Ökodiktatur. Diese widerspricht nicht nur unserer Überzeugung, die beste Staatsverfassung sei eine konstitutionelle Demokratie, für die die kompromisslose Ablehnung jeder Art von Diktatur unverzichtbar ist. Sie hat auch das Problem, dass der zweite Bestandteil, die Diktatur, nicht garantieren kann, was der erste Bestandteil, nämlich «Öko», zum politischen Leitziel erklärt. Zumindest drängt sich hier eine Frage auf, deren Erörterung man aber bei Jonas vermisst:

Warum befürchtet der Philosoph nicht, dass die Ökodiktatoren, einmal an die Macht gekommen, ihre Macht missbrauchen? Zwei Missbrauchsgefahren liegen doch auf der Hand. Die Diktatur wird über das für die Rettung des Planeten notwendige Maß hinaus auf unnötige Freiheitseinschränkungen ausgeweitet; und den Ökodiktatoren wird, einmal an die Macht gekommen, der Erhalt ihrer Macht zum faktischen Hauptziel ihrer weiteren Politik, wobei der Umwelt- und Klimaschutz vernachlässigt und vielleicht sogar konterkariert werden könnte. Damit es dazu nicht kommt, muss man Ökodiktatoren voraussetzen, die nicht wie alle bisherigen Menschen verführbar sind. Nimmt man also stillschweigend andere, nicht mehr verführbare, insofern bessere Menschen an?

Diese nicht etwa boshaften, sondern naheliegenden Rückfragen weisen auf eine Schwierigkeit hin, die manchem großen Versprechen innewohnt: Große Versprechen kommen mit einer unerlässlichen Bedingung nicht zurande, der inneren Stimmigkeit, hier der Selbstbezüglichkeit. Auch Jonas' Heuristik der Furcht erhebt eine Forderung – die nach einer Ökodiktatur um des Umwelt- und Klimaschutzes willen – die man aber auch auf den Gedanken der Ökodiktatur selbst anwenden muss. Andernfalls verletzt man ein elementares Gebot von Gerechtigkeit und Moral, dass man nicht mit zwei (normativen) Ellen messen darf, einem strengen Kriterium für die vorrangigen Politikziele (hier der Umwelt- und Klimaschutz), aber einem weniger strengen Maß für die um dieser Politikziele gebotene Staatsform (die Ökodiktatur).

So sehr Blochs Werk nach dessen Erscheinen auch diskutiert wurde – Jonas' von technikskeptischer Sorge um die Zukunft unseres Planeten getragene Heuristik der Furcht erhielt damals und erhält auch noch heute eine weit größere Aufmerksamkeit und Zustimmung. Mittlerweile ist die Debatte um Jonas' Werk abgeebbt – freilich nicht deshalb, weil man sich zu einer Prise Bloch entschlossen hätte. Vielmehr macht sich ein anderes Phänomen breit, das mit der Heuristik der Furcht nur lose, ein wenig aber doch zusammenhängt.

Wir diskutieren es, so das erste angekündigte Beispiel, im Blick auf ein Problemfeld der letzten Jahre: die Covid-Pandemie. Medien suchen nicht bloß, sondern «gieren» nach Aufmerksamkeit. Diese finden sie freilich – eher aber mit unerfreulichen als mit erfreulichen Nachrichten und Kommentaren, was in der Summe das Gegenteil einer hoffnungsfrohen Zuversicht stärkt. Kein vernünftiger Zeitgenosse bestreitet nun, dass am Beginn der Corona-Pandemie bei einer so großen Herausforderung kaum mit einer optimalen Antwort zu rechnen war. Allerdings gab es schon annähernd vergleichbare Seuchen wie die Rinderkrankheit BSE, die eine sogenannte Zoonose ist, nämlich eine Infektionskrankheit, die von Tieren auf Menschen übertragen werden kann. Schließlich hatte etliche Zeit vorher, im Jahr 2012, das zuständige Robert Koch-Institut eine vom Coronavirus verursachte Pandemie für «sehr wahrscheinlich» gehalten. Aus beiden Gründen hätte man im Gesundheitsministerium mit seinen nicht weniger als etwa siebenhundert Mitarbeitern eine kleine Gruppe mit der Ausarbeitung von Notfallplänen beauftragen können. Spätestens ab Ende 2019 hätte man damit beginnen sollen, denn das Virus heißt bekanntlich deshalb Covid-19, weil es schon in jenem Jahr, im Dezember 2019, entdeckt wurde.

Stattdessen haben Medien und Politik mehr als zwei Monate gewartet, bis schließlich im Februar und März 2020 die Katastrophenbilder von Bergamo um die Welt gingen. Dass ein Teil der Bilder aus der Vor-Pandemiezeit stammte und dass vor allem wegen seines andersartigen Gesundheitswesens Deutschland nicht dieselben Covid-Folgen zu befürchten hatte – immerhin waren in den nächsten Monaten die Intensivbetten nie bis zur Grenze ausgelastet –, fiel in den Medien kaum einem der doch geforderten investigativen Journalisten auf. Infolgedessen konnte sich eine Panik breitmachen, die den bekannten Lockdown mitverursachte und generell zu dem führte, was ich eine «Virokratie», die Herrschaft eines Virus, nenne.

Es versteht sich, dass die sachgerechte Einschätzung nicht einfach, sondern erwartungsgemäß strittig ist. Eine vorsichtige Skepsis gegen die damalige Berichterstattung und Politik ist aber zumindest nicht abwegig, sie auszusprechen daher erlaubt: Zwischen einem kräftigen Aufrütteln der Öffentlichkeit, insbesondere der wichtigsten «Meinungsmacher» («Influencer») und Entscheidungsträger, auf der einen Seite und einer Panikmache auf der anderen Seite das rechte Maß zu finden, ist ohne Zweifel nicht leicht.

Gehen wir im Vorgriff auf die nächsten Abschnitte auf ein zweites Beispiel ein, das für Panikmache im Kontext der Klimakrise exemplarisch erscheint. Es geht eine der in dieser Hinsicht einflussreichsten Veröffentlichungen, die im Jahr 1972 unter der Leitung des US-Ökonomen und Managementexperten Dennis Meadows erarbeitete Studie *Grenzen des Wachstums*. Dieser «Bericht zur Lage der Menschheit», wie es im Untertitel heißt, war der für viel Jahre wirkungsmächtigste Beitrag zur drohenden Überlastung unseres Planeten. Er war vom Club of Rome in Auftrag gegeben worden, einem vom deutschen Ökonomen Eduard Pestel gegründeten informellen Zusammenschluss von damals führenden Vertretern aus Wirtschaft, Politik und Wissenschaft. Im Kern ist der Club of Rome eine internationale, in wissenschaftlicher Hinsicht selbstverständlich interdisziplinär besetzte Denkfabrik.

Im «Bericht» wird nun auf der Grundlage zahlloser Berechnungen und daraus abgeleiteter (aber nicht unbedenklicher) Schlussfolgerungen eine radikale Kehrtwende der internationalen Wirtschafts- und Klimapolitik gefordert. Die zentrale Behauptung lautete: Würde man in der Industrialisierung und Bevölkerungsentwicklung, ferner in der Umweltbelastung, der Nahrungsmittelproduktion und im Ausbeuten der natürlichen Rohstoffe das damalige Wachstum fortsetzen, so würde das in den nächsten hundert Jahren, also von heute betrachtet in einem halben Jahrhundert, bis 2072, zu der in physikalischer Hinsicht absoluten Wachstumsgrenze der Erde führen.

Nach Ansicht ernstzunehmender Kritiker verdiente freilich die hochdramatisch verkündete Einsicht in die generelle Begrenztheit und Endlichkeit aller Dinge nicht die damalige Aufmerksamkeit. Denn eigentlich ist diese Einsicht banal. Nicht mehr banal, dafür aber hochbedenklich war die daraus abgeleitete apokalyptische Vorhersage, die Prognose eines absehbaren physikalischen Zusammenbruchs unseres Planeten. Bei den näheren Ausführungen dazu, bei seinen Schreckensszenarien über die Zukunft der Menschheit, so geht die Kritik weiter, habe sich der am «Bericht» des Club of Rome so deutlich verschätzt, dass er, statt die Wirklichkeit annähernd richtig zu beschreiben, in vielen Hinsichten sich zu Fehlprognosen hinreißen ließ. Beispielsweise sollten nach 50 Jahren – von 1972 gerechnet also inzwischen heute – Erdgas und Erdöl, Kupfer, Gold und Silber endgültig aufgebraucht sein. Bekanntlich ist dies nicht geschehen.

Ein Grund dafür liegt, wie schon Julian L. Simon 1981 in seiner Gegendarstellung unter dem Titel *The Ultimate Resource* betonte, in der Vernachlässigung einer ökonomischen Binsenwahrheit: dass steigende Preise die Nachfrage mindern. Man habe also das darin liegende Knappheitssignal völlig unterschätzt. Dies geschah sogar gewissermaßen «aus Prinzip». Denn Meadows beschränkte seine Untersuchungen auf die materielle Wirtschaft, während er die für Preisentwicklungen mitzuständige Finanzwelt unberücksichtigt ließ. Ein weiter Grund für die gravierende Fehleinschätzung kommt hinzu, nämlich die Vernachlässigung zu erwartender technischer Neuerungen, die bei diesem Themenfeld eine effizientere Nutzung der Ressourcen ermöglichen. Aus diesen Gründen kann man dem Bericht des Club of Rome nicht zubilligen, zwischen Aufrütteln und Panikmache das rechte Maß gefunden zu haben.

Dies dürfte, wenn auch in anderer Weise, für den neuesten Bericht des Club of Rome *Earth of All* (2022) ebenfalls zutreffen. Dessen Grundfrage ist erneut berechtigt: «Wie kann sich die Menschheit noch retten?» Denn trotz mancherlei Anstrengungen, die, wie noch zu zeigen sein wird, die nationale und die internationale Politik schon jetzt vornehmen, bleibt die Zukunft der Lebensbedingungen auf unserem Planeten hochgefährdet. In der neuen Studie wird jedoch das Themenfeld verschoben. Statt weiterhin die physikalische Belastung der Erde in den Mittelpunkt zu stellen, werden «fünf außerordentliche Kehrtwenden» verlangt, von denen die ersten drei unter dem Gesichtspunkt globaler Gerechtigkeit ohne jede Einschränkung geboten sind: ein Ende der Armut, eine Überwindung der offenkundigen Ungleichheit in der Welt und das *empowerment* der Frauen, ihre Ermächtigung, Bevollmächtigung und Stärkung, mit einem Wort: ihre volle Gleichberechtigung.

Es versteht sich aber nicht von selbst, dass das unstrittig unverzichtbare «Mehr an Gerechtigkeit», das übrigens schon allein aus demokratischen Gründen geboten ist, zur Rettung der physikalischen Welt beitragen wird, wie der neueste Bericht annimmt. Denn mindestens die erste – und noch einmal: zweifellos unstrittig gebotene! – Kehrtwende ist vermutlich ohne eine Zusatzbelastung der Umwelt kaum zu erreichen. Auch wenn nämlich in der Zukunft die Bürger der globalen Welt im Durchschnitt sehr viel bescheidener als heute leben, wird der für die Armutsüberwindung notwendige Bedarf an Lebensraum und Nahrungsmitteln, an Kleidung, Energie usw. kaum ohne eine per saldo *Mehr*belastung unseres Planeten zustande kommen.

Ohne Frage wird dieses Problem durch die vierte geforderte Kehrtwende abgemildert, durch den Aufbau eines für Menschen und Ökosysteme gesunden Nahrungsmittelsystems. Und die fünfte Kehrtwende, der Übergang zum Einsatz sauberer Energie, tritt unterstützend hinzu. Trotzdem kann man eine über längere Zeit stattfindende zunehmende Belastung der Umwelt nicht ausschließen. Infolgedessen könnte die Menschheit in ein schwer zu überwindendes Dilemma geraten: dass die gerechtigkeitstheoretisch gebotene Armutsüberwindung einen ökologischen Preis abverlangt, der die Umwelt- und Klimakrise, statt sie abzumildern, entschieden verschärft.

Wir können nur hoffen und müssen auch darauf hinarbeiten, dass das Leitmotiv allen vernünftigen Verzichtens – die Inschrift des Apollo-Tempels in Delphi, die zugleich eine der Lebensweisheiten der Sieben Weisen Griechenlands darstellt: «Mèden agan», «Nichts im Übermaß» – nicht verlangt, eine der folgenden beiden Strategien verfolgen zu müssen: um der Rettung des Planeten willen die Armutsbekämpfung oder um der Armutsbekämpfung willen die Rettung des Planeten einzuschränken.

Glücklicherweise gibt es bei beiden Aufgaben erhebliche Fortschritte. Auch wenn sie nicht ausreichen, sollte man sie nicht unterschlagen, sie vielmehr als willkommenen Lichtblick wahrnehmen. Gemäß dem Themenfeld dieses Kapitels konzentrieren wir uns auf den Umwelt- und Klimaschutz:

Mit Blick auf ihn zeigt Horst von Buttlar, Chefredakteur von *Capital*, in seiner Studie *Das grüne Jahrzehnt* von 2022, «wie die Klimakrise die Wirtschaft revolutioniert». So demonstriert beispielsweise ein junges Unternehmen, ein sogenanntes Start-up, wie man aus Straßenlaternen die immer noch fehlenden Ladestationen für Elektro-Autos machen kann. Oder, anderes Beispiel: Bekanntlich wird bei der Herstellung von Beton, der für den dringend nötigen Wohnungsbau so gut wie unverzichtbar ist, sehr viel des klimaschädlichen CO_2 freigesetzt; ein anderes Start-up mischt daher Zement mit Kohlefasern, Naturharzen oder Altglas, um einen «nachhaltigen», in der CO_2-Bilanz erheblich besseren «Beton» herzustellen. Man kann diese Ansätze vorsichtig verallgemeinern: Ohne sich Illusionen hinzugeben, darf man – statt so übertriebene Diagnosen zu hofieren wie *Der Planet ist geplündert* (Franz Alt und Ernst Ulrich von Weizsäcker, 2022) – auf technische Neuerungen und deren wirtschaftliche Nutzung hoffen.

Erfreulicherweise gibt es auch in anderen Bereichen Anlass zum Aufatmen: Seit den 1980er Jahren weiß man, dass Fluorchlorkohlenwasserstoffe (FCKW) die Ozonmoleküle in der Atmosphäre in etwa fünfzig Kilometer Höhe zerstören. Infolgedessen konnten gesundheits- und umweltschädliche UV-Strahlen leichter auf die Erdoberfläche gelangen und einen Anstieg von Hautkrebserkrankungen verursachen. Wie die gemeinsamen Berichte der Weltwetterorganisation (WMO) und des Umweltprogramms der Vereinten Nationen (UNEP), neuerdings zusammen mit der amerikanischen Weltraumbehörde NASA seit 2016 berichten, erholt sich die Ozonschicht, was die Erderwärmung verlangsamt und die Hautkrebsgefahr verringert.

Allerdings wird niemand leugnen – auch Buttlar ist nicht so erfahrungsresistent, es zu bestreiten, im Gegenteil: er betont es –, dass auf allen Seiten, von Einzelpersonen bis zu den verschiedenen gesellschaftlichen und politischen Akteuren, Beiträge zu leisten sind, die ohne erhebliche Verzichte nicht auskommen.

Nicht unterschlagen: Bevölkerungsexplosion

Von den drei jetzt zu erörternden kollektiven Verzichten beginnen wir mit der Bevölkerungsexplosion: Ein Wachstum der Erdbevölkerung könnte es seit der Frühzeit gegeben haben. Sofern es stattfand, war es aber moderat, mit gelegentlichen Ausschlägen nach oben, zum Beispiel um 400 v. Chr., später um 1000 n. Chr. Im Übrigen ist eine Zunahme der Erdbevölkerung beispielsweise von 100 000 auf 200 000 für unseren Planeten kaum bedrohlich. Auch ein Wachstum von zwei auf vier Millionen ist nicht annähernd so gefährlich wie die um 1700 einsetzende Bevölkerungsexplosion. Denn die von der Bevölkerungszahl ausgehende Bedrohung entscheidet sich weniger an der Geschwindigkeit der Zunahme, selbst nicht an einer etwaigen Beschleunigung. Wichtiger ist vielmehr die Bevölkerungszahl, von der ausgehend die Zunahme stattfindet. Alles, was sich hier unterhalb einer Milliarde ereignete, erscheint im Weltmaßstab – regional sah es durchaus anders aus – und im Rückblick kaum problematisch. Die seitherige Entwicklung hingegen ist sicherlich bedrohlich.

Blicken wir auf einige Zahlen: Bei der Wende vom 18. zum 19. Jahrhundert betrug die Weltbevölkerung etwa eine Milliarde. Die Verdoppelung auf zwei Milliarden wurde im Jahr 1925, also erst 125 Jahre später erreicht. Für die nächste Verdoppelung, die von zwei auf vier Milliarden, brauchte es nur die 50 Jahre bis 1975. Es geschah also entschieden schneller, während die weitere Verdoppelung nur im selben Tempo, bis 2025, erwartet wird.

Blickt man auf die Kontinente, so wird die weitaus größte Bevölkerungszunahme für Afrika erwartet. Auch für Indien rechnet man mit einem immer noch erheblichen Wachstum. Es sind jedenfalls nicht die wohlhabenden Länder des Westens, in denen die Bevölkerung explodiert. Aus diesem Grund lässt sich mit aller Vorsicht vermuten, dass mit wachsendem Durchschnittswohlstand die Bevölkerungszunahme abnimmt. Zu den Ursachen könnte das Rentenwesen gehören, dessentwegen man nicht mehr Kinder für die Altersvorsorge braucht, ferner die Bildung der Frauen, derentwegen das Interesse an Nachwuchs zurückgeht, vor allem aber «die Pille», also die persönliche Geburtenkontrolle.

Diese Fragen müssen hier aber nicht behandelt werden. Denn es genügt einzuräumen, dass hinsichtlich den Siedlungsräumen und einer weiteren Inanspruchnahme der Natur wie Wasser, Lebensmittel und Energie die Erde für eine Bevölkerungszahl von acht und mehr Milliarden zu klein ist. Dass die Menschen überall auf unserem Globus weder hungern noch in Armut und Elend leben dürfen, sollte als unstrittig gelten. Bedrohlich wird es jedoch, wenn allen Menschen ein Lebensniveau gewährleistet werden soll, das die Europäer heute beanspruchen. Nimmt man den noch höheren Anspruch zum Maßstab, den im Durchschnitt die US-Amerikaner und die Kanadier leben, erscheint die Bedrohung noch größer.

Wenn also der Planet uns auf Dauer ein humanes Leben erlauben soll, dann darf die Erdbevölkerung nicht noch weiter wachsen, so dass die betreffenden Länder auf die eine oder andere Weise auf ihre Bevölkerungsexplosion verzichten müssen. Der Einwand ist bekannt: Mit dieser Forderung würde der Westen eine neue Art von Imperialismus betreiben, nämlich seine Vorstellungen von Bevölkerungsentwicklung anderen Ländern aufzwingen. Das damit angesprochene Diskussionsfeld ist ohne Zweifel nicht bloß heikel, sondern sogar vermint. Ein Hinweis sei jedoch erlaubt: Den Vorwurf, die Aufforderung zu einem Stopp der Bevölkerungsexplosion sei ein Zeichen von politischem Imperialismus, erheben weit mehr afrikanische als indische Politiker. Und China hat längst von sich aus versucht, der im Lande stattfindenden Bevölkerungsexplosion Einhalt zu gebieten. Der Westen muss sich nicht für vollständig unschuldig halten, gewiss nicht. Aber er braucht sich auch keine Alleinschuld zuzumuten und den Staaten mit explodierenden Bevölkerungszahlen jede Mitschuld abstreiten.

Überbeanspruchung der Natur

Ganz neu sind bedrohliche Umweltzerstörungen nicht. So starke Eingriffe in die menschenunabhängige Natur wie Versteppungen und Verkarstungen gibt es schon in der Antike. Die Entwaldung des Balkans beispielsweise fand unter anderem für die römischen Thermen, später etwa für den Schiffsbau der Venezianer statt. Eine Wiederaufforstung der verkarsteten Landstriche, das wird kaum jemand bestreiten, ist heute so gut wie unbezahlbar.

Wirklich neu ist erst die Reichweite und die Intensität der Naturnutzung. Beide Hinsichten haben längst ein Ausmaß erreicht, das man als eine Überbeanspruchung diagnostizieren muss, die nicht mehr regional, sondern wahrhaft global stattfindet. Die Verzichte, die für ein Ende dieser Überbeanspruchung notwendig sind, liegen nicht bloß auf der Hand. Sie sind auch seit langem bekannt. Einige von ihnen sind übrigens schon vor vielen Jahrhunderten eingeführt worden. Dafür seien nur zwei Beispiele erwähnt:

Einschlägigen Forschungen zufolge (schon Steck 1975, S. 189, und Geese 1977, S. 79) zielen die ältesten biblischen Sabbatgebote wie das Verbot, zu pflügen und zu ernten (2. Buch Mose, Kap. 34, Vers 21), und das Verbot, Feuer anzuzünden (ebd., Kap. 35, Vers 3), weniger auf das Gebot der Arbeitsruhe selbst als auf einen regelmäßigen Schutz der natürlichen, hier der für die Landwirtschaft nützlichen Umwelt ab. Der regelmäßigen Erholung des Bodens diente auch die Dreifelderwirtschaft, die Karl der Große auf seinen Krongütern einführte: Das Ackerland wurde in drei Teile gegliedert, von denen das eine Feld für Sommergetreide, das zweite für Wintergetreide genutzt wurde und das dritte als Brache ungenutzt blieb.

Weil die Natur längst weit mehr genutzt wird, sowohl wegen des enormen Bevölkerungswachstums als auch dem vielerorts weit höheren Pro-Kopf-Verbrauch, benötigt man heute eine deutlich gesteigerte Naturschonung. Die Umweltbelastung – also die Verschmutzung der Gewässer, der Luft und des Bodens durch Schadstoffe und Abfall beispielsweise – ist so umfassend und gründlich zu verringern, dass die inzwischen üblichen Mittel nicht annähernd genügen: weder die Mülltrennung und das Neupflanzen von Bäumen, wenn ältere gefällt werden, noch die Ansätze für einen schonenderen, zudem wirkungsvolleren Umgang mit den natürlichen Ressourcen, schließlich die rückläufige Nutzung fossiler Energie. Ohnehin wird die Landschaft immer noch weiter zubetoniert, unter anderem wegen der immer breiteren Fundamente der zunehmend größeren Windräder. Zudem wächst bei der Erzeugung der Energie, bei der Nutzung von Gütern und bei deren Gebrauch der zu entsorgende Abfall. Nicht zuletzt steigen die Energiemengen enorm: wegen des Gebrauchs zahlloser Handys und Rechner, wegen digitaler Währungen wie den Bitcoins und vermutlich noch weit mehr wegen der großen Rechenzentren der Forschungseinrichtungen, des großflächigen Einsatzes von künstlicher Intelligenz und dem zunehmenden Ausbau des elektronischen Weltnetzes.

Zusätzlich zur schon genannten Selbstbeschränkung bei der Bevölkerungsentwicklung hat die Menschheit in allen erwähnten Bereichen, sowohl einzeln als auch zusammen, Verzichte eines Ausmaßes auf sich zu nehmen, das die wirtschaftlich, gesellschaftlich und politisch führenden Köpfe, aber auch allzu viele Bürger lange verdrängt oder nicht hinreichend ernst genommen haben. Die für die notwendigen Verzichte unverzichtbaren Aufgabenfelder müssen nicht, weil bislang unbekannt, erst von Grund auf entdeckt werden. Im Prinzip fehlt es hier weniger an Wissen als an der Bereitschaft, die Folgen auf sich zu nehmen.

Weil es kaum an Wissen mangelt, genügt es hier, die Aufgabenfelder zu betonen, zumal für Einzelheiten der Philosoph über zu wenig Fachkenntnis verfügt: Die Konsumgewohnheiten müssen grundlegend geändert werden, was ohne erhebliche Selbsteinschränkungen nicht denkbar ist: vom Essen und Trinken über Kleidung und Wohnansprüche bis zu Urlaubsansprüchen und Reisegewohnheiten. Und obwohl es schon zur Anerkennung dieser Liste enorme Verzichte braucht, die kaum jemand gern auf sich nimmt, ist sie nicht annähernd vollständig.

Dasselbe trifft auf die Veränderung der Produktionsgewohnheiten zu, von der hier nur wenige erwähnt werden: Man muss nicht erst auf Dauer, sondern möglichst schon heute etwa mit weniger Materialien und weniger Energie auskommen. Die Verlagerung etlicher Produktionsstätten ins Ausland, zumal in weit entfernte Orte, muss in hohem Maß zurückgenommen werden. Allerdings darf man bei dieser Aufgabe die wirtschaftlichen und gesellschaftlichen Kosten der betroffenen Länder nicht ganz verdrängen. Weiterhin darf man nicht mehr, etwa um hohe Lagerkosten zu sparen, allzu viele Frachtgüter quer durch Europa, sogar die ganze Welt transportieren.

Diese und weitere Veränderungen kann man sich kaum ohne Wohlstandverluste vorstellen. Allerdings ist in dieser Hinsicht eine weitere grundlegende Veränderung erforderlich: dass man den Wohlstand nicht länger ausschließlich in

Begriffen von materiellem Wohlstand definiert. Hier sei noch einmal auf das «Stundenbuch» von John von Düffel verwiesen. Sogleich zu Beginn erläutert der Autor seinen Buchtitel *Das Wenige und das Wesentliche* mit dem Gedanken einer «Askese der Zukunft». Ihr geht es nicht um das Verzichten, sondern um die Einsicht, wie wenig man braucht. Auch wenn diese Art von Askese für viele Menschen zu anspruchsvoll sein dürfte, muss man den Wohlstand nicht rein materiell verstehen. Um dieses Verständnis zu relativieren, braucht man nicht einmal besondere Fachkenntnisse. Die eigene Lebenserfahrung lehrt es doch deutlich genug:

Zum Wohlergehen tragen beispielsweise gute Familien-, Freundschafts-, Nachbarschafts- und Kollegenbeziehungen erheblich bei. Dass dafür kein großer materieller Wohlstand erforderlich ist, muss man gewiss nicht erwähnen. Erneut nicht besonders kostspielige Beiträge leisten kulturelle, in anderer Weise sportliche Aktivitäten, ferner der weite Bereich der Bildung: Literatur, Theater und Musik, ohne dass man sich hier auf die Interessen der sogenannten Bildungsschichten einschränken müsste. Es gibt zwar in diesen Bereichen auch Aktivitäten, die einen größeren Geldeinsatz erfordern, auf die man aber auch, ohne unsportlich oder ein «Kulturbanause» zu werden, gut und gern verzichten kann. Wichtig sind «natürlich» auch Gesundheit auf der einen, Rechtssicherheit auf der anderen Seite, weshalb man vom Land, in dem man lebt, ein gutes Gesundheits- und ein nicht minder gutes Rechtswesen erwartet.

Mit diesen Hinweisen darf man sich hier begnügen. Allenfalls sei noch ein zu diesem Themenfeld bedeutender Soziologe erwähnt, nämlich Pierre Bourdieu. Um beim Wohlstand eines Gemeinwesens der materiellen Verkürzung zu entgehen, führt er vier Arten von Vermögen ein, die er als «Kapital» bezeichnet: ökonomisches Kapital, kulturelles Kapital, soziales Kapital und symbolisches Kapital.

Gelegentlich wird in Hinsicht auf die Klimakrise eine weitere Veränderung mit Verzichtscharakter in Erwägung gezogen: dass die Freiheit des und der Menschen eingeschränkt werden müsse. Dagegen spricht, dass die Freiheit als das höchste Gut des Menschen einzuschätzen ist, dass sie seine Würde ausmacht und dass sie über diese anthropologische Bedeutung hinaus jenes Grundprinzip der Moderne darstellt, auf das diese Epoche zu Recht besonders stolz sein darf. Aus diesen Gründen sollten Freiheitverzichte, sofern sie nicht (wie etwa die im Strafrecht angeführten Verbote) um der Freiheit selbst willen erforderlich sind, ausgeschlossen bleiben. Auch für eine etwaige Ökodiktatur sollte man sie lieber nicht in Kauf nehmen.

Hinsichtlich der Aufgabe des Natur- und des Klimaschutzes scheint sich erfreulicherweise eine noch bescheidene Kehrtwendung bereits anzudeuten. So wurde auf dem Weltnaturgipfel am 19. Dezember 2022 in Montreal, der 15. Artenvielfalts- beziehungsweise Biodiversitätskonferenz der Vereinten Nationen, in der Abschlusserklärung die Absicht ausgedrückt, 30 Prozent der Erde unter Naturschutz zu stellen. Mit derartigen Beschlüssen beginnt die ganze Menschheit, zu erkennen und anzuerkennen, was Rainer Maria Rilke in der Schlusszeile seines Gedichts «Archaïscher Torso Apollos» feierlich und ohne jede Ermäßigung für den einzelnen gefordert hat: «Du musst dein Leben ändern.»

Wem gehören die tropischen Regenwälder?

Noch immer werden nicht nur die gewöhnlichen Wälder, sondern selbst erhebliche Teile der tropischen Regenwälder abgeholzt, wodurch die Vielfalt der Flora- und Fauna-Arten, die Anzahl ihrer Exemplare und die das klimaschädliche CO_2 bindende Pflanzendecke verringert werden. Dazu sei mehr als nur in Klammern eine Frage erlaubt, die ich vor längerer Zeit in meinem Essay *Die Moral als Preis der Moderne* (1993,

Abschn. 11.2) formuliert hatte: Wem gehört der weltweit größte tropische Regenwald, der für seine zahllosen Tier- und Pflanzenarten berühmte Amazonaswald?

Die übliche Antwort lautet: Er gehört den entsprechenden Staaten, namentlich Brasilien, Kolumbien und Peru. Nimmt man aber die nach dem Zweiten Weltkrieg gepflegte Politik der Dekolonisierung zum Maßstab, sieht es anders aus. Man müsste nämlich die entsprechenden Räume deren Ureinwohnern, den Indios, zurückgeben, also die Regenwälder wie andernorts selbstverständlich für territorial sakrosankt erklären. Damals war mir «natürlich» bewusst, dass man diese Ansicht für abwegig, für geradezu «hirnverbrannt» halten würde. Aber warum sollte die Politik der Dekolonisierung für einen Kontinent wie Afrika geboten, für einen anderen (Sub-)Kontinent wie Südamerika hingegen verboten sein? Die betroffenen Länder könnten zwar einwenden, in den ersten Generationen habe die Kolonisierung an den Ureinwohnern Unrecht begangen, durch die seitherige, mittlerweile fünf Jahrhunderte andauernde Besiedlung und Kultivierung seien aber neue Rechtsverhältnisse entstanden, die auf das Land Anspruch zu erheben erlaubten.

Das Argumentationsmuster leuchtet durchaus ein, die zugehörige empirische Annahme trifft aber nur mit einer Einschränkung zu. Denn über Jahrhunderte wurden im Wesentlichen nur ein etwa fünfzig Kilometer breiter Küstenstreifen sowie die Randbereiche der größeren Flussläufe besiedelt und kultiviert, während die tropischen Regenwälder davon ausgenommen blieben. Erst seit relativ kurzer Zeit schreitet auch dort die Kolonisierung munter fort. Zu einem erheblichen Teil geschieht es sogar durch illegale Brandrodungen, jedenfalls auf eine Weise, die der internationalen Rechtsentwicklung – der Zurücknahme von Kolonisierungen, mindestens aber dem Stopp weiterer Kolonisierung – deutlich widerspricht.

Dieser Umstand rechtfertigt, meine damalige Behauptung zu wiederholen: Der tropische Regenwald Südamerikas – und sinngemäß auch der von Afrika und Asien – gehört nicht den heutigen Staaten, sondern den Ureinwohnern. Indem sie die Regenwälder so gut wie unangetastet lassen, machen sie den betroffenen Ländern und über sie hinaus der gesamten Menschheit ein so gut wie unbezahlbares Geschenk: ein enormes Reservoir von Tier- und Pflanzenarten, das mit seiner Bepflanzung zusätzlich einen erheblichen Teil der klimagefährlichen CO_2-Belastung unseres Planeten bindet.

Klimapolitik 1: Ist dem Menschen eine Herrschaft über die Natur erlaubt?

Niemand kann heute ernsthaft bestreiten, dass das für diesen Essay letzte Themenfeld kollektiver Verzichte, der internationale Klimaschutz, zu den gegenwärtig und noch auf längere Zeit größten globalen Herausforderungen gehört. Ich darf hier die Einschätzung aus meiner *Kleinen Geschichte der Philosophie* (S. 360) übernehmen: «Die wachsende Belastung, oft schon Zerstörung der natürlichen Umwelt zeugt nicht nur von kollektiver Torheit, sondern verstößt auch gegen die ‹neue soziale Frage›: die Gerechtigkeit zwischen den Generationen. Für sie spricht schon die ausgleichende Gerechtigkeit: Solange die Menschen Kinder, ohne sie zu fragen, in die Welt setzen, tragen sie für deren lebenswerte Verhältnisse Verantwortung. Dazu kommt, dass der Mensch die Natur nicht geschaffen hat, er folglich nicht ihr Eigentümer im nachdrücklichen Sinn, sondern nur ihr Nutznießer sein kann. Als eine Vorgabe für die Menschheit ist die Erde samt ihren Früchten und Schätzen ein Gemeineigentum: eine alle Generationen übergreifende Allmende oder ein Kapital, von dessen Zinsen jede Genration neu lebt, ohne dass sie das Kapital angreifen dürfte.»

Als verantwortlich für den unverantwortlichen Umgang, für die «Verwüstung der Natur», wird gern das biblische *Dominium terrae* angesehen, das Gebot «Machet euch die Erde untertan» (Genesis Vers 1,28, vgl. 1,26, auch Psalm 8,9). Wie häufig übersehen, hat das Gebot dort zwei Seiten. Die expansive oder bevölkerungspolitische Seite gebietet eine Ausbreitung über die gesamte Erde, die andere meist allein in den Blick genommene Seite fordert zur umfassenden Nutzung der Natur auf. Die Nutzung bedeutet aber nicht notwendigerweise die Ausbeutung der Naturschätze und die Unterdrückung aller subhumanen Lebewesen. Wer sich, bevor er das biblische Gebot beispielsweise wie Philipp Blom in seiner Studie über *Anfang und Ende der menschlichen Herrschaft über die Natur* in *Die Unterwerfung* (2022) als «Ermächtigungsphantasie des unterdrückten jüdischen Volkes» versteht und die mesopotamische Vorgeschichte erkundet, wer sich die geringe Mühe macht, den Schöpfungsbericht weiterzulesen, findet schon im nächsten Kapitel (2, 4b 25) das Nutzungsrecht des Menschen an eine Hege und Pflege gebunden.

Wer wie üblich das Nutzungsgebot anthropozentrisch, als den Menschen in den Mittelpunkt setzend, deutet, wird wenige Kapitel später überrascht, dass das Recht auf Expansion den Tieren ebenfalls verliehen wird (8,17). Gott nimmt in seinen Bund, den er mit Noe und dessen Nachkommen schließt, sogar die gesamte Tierwelt, vielleicht sogar die Welt der Pflanzen mit auf (9,9 f.; vgl. 8,21 und 9,11 f.). Hier vertritt der Schöpfungsbericht eine Gleichberechtigung von Mensch und Tier. Mit ihr setzt er sich schon damals für etwas ein, was heutige Umwelt- und Tierschützer gern als ihre revolutionär neue Lebenshaltung behaupten: die Verabschiedung des anthropozentrischen zugunsten eines biozentrischen Denkens.

Hier und in den nächsten zwei Beobachtungen zeigt sich, warum geistesgeschichtliche Kenntnisse zu einer sachgerechten Aufklärung verhelfen: Eine säkulare, ebenfalls gern verurteilte Variante zum biblischen *Dominium terrae* findet sich beim Philosophen, Mathematiker und Naturforscher René Descartes. Im sechsten und letzten Teil seiner *Abhandlung über die Methode* bei der Frage, warum er seine Forschungen veröffentliche, erklärt der angebliche «ökologische Erbsünder» den Menschen zum «maître de la nature». Die Kritiker Descartes' verstehen den Ausdruck «maître» als Gegensatz zum Knecht und Sklaven. In Wahrheit bedeutet der Ausdruck, was der Zirkumflex (als Zeichen, das ein «s» ausgefallen ist) bereits andeutet: Gemeint ist der *maistre*, also der Kenner und Könner, der sein Metier beherrscht und folglich die Hochachtung eines wahren Meisters, eines Maestro, verdient.

Laut Descartes trifft dies auf die Personen zu, die aufgrund wissenschaftlicher Forschung die Naturkräfte kennen und mittels dieser Kenntnisse zu leisten verstehen, was auch heute kaum als verwerflich gilt: die Mühsal der Arbeit zu verringern und Krankheiten zu heilen. Dazu gehören etwa technische Hilfsmittel, mit denen man die Natur nicht bekämpft, geschweige denn unterwirft und ausbeutet. In einem Akt der Selbstbehauptung tritt man vielmehr aus der Natur heraus und ihr gegenüber.

Nicht zuletzt wirft man Kant, also dem noch heute entscheidenden Moralphilosophen, eine kritikwürdige Anthropozentrik vor. In der Tat erhebt Kant in der *Kritik der Urteilskraft* im § 83, für heutige Ohren provokativerweise, den Menschen zum Herrn, sogar «betitelten», insofern rechtmäßigen Herrn der Natur. Allerdings zeigt sich einer umfassenderen Lektüre schon im nächsten § 84, dass der Mensch nicht einfachhin der legitime Herr ist. Er verdient dieses Vorrecht nicht schon deshalb, weil er die Natur zu beherrschen vermag, und gewiss nicht als ihr Ausbeuter und Unterdrücker, als ihr Despot. Der berechtigte Herr über die Natur ist er lediglich «als Subjekt der Moralität».

Hier tut sich eine raffiniertere Anthropozentrik auf: Weil der Mensch seinem Wesen nach als ein vernünftiges Tier sowohl Teil der Natur ist als auch diese übersteigt, ist die kritikwürdige Anthropozentrik nur mittels einer anderen, der Kritik enthobenen Anthropozentrik zu kurieren. Letztere besagt: Das *animal* Mensch hat nur dann Vorrechte, wenn es sich als *morale* verhält. (Die Überlegungen dieses Abschnitts greifen auf meine Studie *Moral als Preis der Moderne* zurück, dort vor allem auf die Kapitel 8 und 12.)

Auch diese «kritische Anthropozentrik» ist sicherlich nicht unumstritten. Nach der sogenannten Biozentrik soll nicht der Mensch, sondern alles Leben (griechisch *bios*), nach der Pathozentrik zumindest alles leidensfähige Leben im Mittelpunkt stehen beziehungsweise als mit dem Menschen gleichberechtigt gelten. Dazu nur wenige Bemerkungen: Wie man an aufgelassenen Kiesgruben sieht, breiten sich so gut wie alle Pflanzen- und Tierarten im Rahmen ihrer Möglichkeiten aus.

Der Vorwurf einer auf die eigene Gattung bezogenen Zentrierung kann insofern zwar gegen alle Gattungen erhoben werden, diesen Vorwurf aber zu erheben und ihn ernst zu nehmen, vermag jedoch allein der Mensch, was ihm denn doch eine Sonderstellung «durch die Tat» einräumt. Auch will niemand erneuern, was es beispielsweise im spätmittelalterlichen Burgund gab: ein Tier, damals ein Schwein, wegen einer Straftat mit der Todesstrafe zu belegen und andere Exemplare derselben Art zu zwingen, diesem makabren Schauspiel beizuwohnen, um sie von ähnlichen Straftaten abzuschrecken. Eine weitere Sonderstellung besteht darin, dass allein der Mensch dank seiner Zurechnungsfähigkeit straffällig werden kann. Nicht zuletzt darf man Pflanzen und Tiere kaufen und verkaufen, was bei Menschen als Sklaverei und höchst verdammenswert gilt.

Klimapolitik 2: Aktuelle Aufgaben

Kommen wir zu den gegenwärtigen Aufgaben: Ohne eine rasche Verringerung der Erderwärmung – und auf Dauer: ohne deren Stillstand – ist mit einem weltweit erträglichen Klima nicht zu rechen. Infolgedessen sind hier dringend internationale Absprachen, am besten völkerrechtlich bindende Abkommen unerlässlich. Nach dem einschlägig entscheidenden Pariser Abkommen soll der globale Temperaturanstieg auf deutlich unter zwei Grad sinken. Ohne eine empfindliche Einschränkung vor allem des CO_2-Ausstoßes ist dieses Ziel vermutlich unerreichbar.

Die Europäische Union hat sich nun zum Zweck der CO_2-Reduktion verpflichtet, bis zum Jahr 2030 im Vergleich zu 1990 mindestens 55 % der Treibhausgase einzusparen, ferner die Wirtschaftlichkeit der Energie, ihre Effizienz, um 27 % zu steigern und um dasselbe Maß den Anteil der erneuerbaren Energiequellen zu erhöhen. Spätestens 20 Jahre danach, also 2050, soll die Union klimaneutral sein. Allerdings gilt die Verpflichtung, das versteht sich von selbst, nur für den Raum der Europäischen Union. Den weltweit größten Anteil an Treibhausgasen «liefert» aber im Jahr 2022 China mit 30,65 %, gefolgt von den USA mit 13,54 % und Indien mit 7,02 %, auf Russland, Japan und Iran folgt schließlich Deutschland mit 1,85 %.

Diese Zahlen zeigen zweierlei. Zum einen ist China mit seiner Bevölkerung von 1,4 Milliarden Einwohnern im Vergleich zu den USA mit deren 335 Millionen etwa viermal so groß, während die Treibhausemissionen nur weniger als zweieinhalb Mal so hoch sind, der Pro-Kopf-Ausstoß also, das muss man China zugutehalten, erheblich geringer ist. Zum anderen kann ein in seiner Bevölkerung so viel kleineres Land wie Deutschland in globaler Hinsicht nur einen sehr geringen Beitrag leisten. Diese Sachlage entlastet freilich nicht von einer nationalen Klimaschutzpolitik, auch nicht von einem – weltweit aber nur in Grenzen wahrgenommenen – Versuch, ein gewisses Vorbild zu sein.

Weit wichtiger ist allerdings die deutlich schwierigere, vor allem außenpolitische Aufgabe, andere Länder zu Verzichten zu bewegen und zu diesem Zweck sich für wirksame internationale Abkommen einzusetzen. Jedoch sollte das Land nicht vergessen, dass sein politischer Einfluss hier und bei anderen globalen Aufgaben nicht annähernd so stark ist wie der der tatsächlichen Weltmächte USA und (zumindest auf dem Weg) China. Dieser Hinweis zur weltpolitischen Selbstbescheidung entlastet Deutschland aber nicht, es sei wiederholt, im eigenen Land seine «Hausaufgaben zu machen», also die europäischen und globalen Klimaziele zu erreichen.

Bilanz

Eine Kunst humanen Verzichts

Schließen wir unseren Durchgang durch das Themenfeld mit einem Rückblick auf die Überlegungen ab, wobei die Themen der Zwischenspiele im Hintergrund bleiben. Begonnen haben wir, nach dem Hinweis auf die geringe Reputation des Verzichts, mit einigen kaum bekannten, für das übliche Verständnis außergewöhnlichen Selbstbeschränkungen, nämlich mit verschiedenen Verzichten rechtlicher Art. Die Erinnerung an sie hilft, den ziemlich schlechten Ruf des Verzichtens aufzuwerten.

Die nächsten Verzichtsarten, erörtert unter dem Titel «Menschsein ermöglichen», sind eher vertraut: die in Kardinaltugenden wie der Besonnenheit, aber auch der Tapferkeit, der Gerechtigkeit und der Klugheit stattfindende Selbstbeschränkung gegen ein unüberlegt spontanes und für ein ethisches Handeln.

Mit dem Ziel einer möglichst umfassenden Behandlung seines Themenfeldes macht dieser Essay auf Verzichte in Bereichen aufmerksam, in denen man Selbstbeschränkungen kaum erwartet. Einmal benannt, leuchten sie jedoch rasch ein: Eine für das humane Zusammenleben so wesentliche Haltung wie die Toleranz kommt weder in ihrer großen Spielart, der religiösen und weltanschaulichen Toleranz, ohne Verzichte aus noch bei der kleinen Toleranz, die den Mitmenschen ihre Eigenarten, selbst Exzentrizitäten lässt. Noch weniger erwartet man Verzichte in der Welt der Wirtschaft. Es braucht sie zwar, hier allerdings in einer wieder ungewöhnlichen, sogar überraschenden Form:

Laut Adam Smith sollen Geschäftsleute auf jede Art von Wohlwollen verzichten, lediglich ihr Eigenwohl verfolgen, wodurch sie nach dem Bild einer unsichtbaren Hand am besten das Gemeinwohl befördern. Allerdings muss dieses Wirtschaften im Rahmen von rechtlichen, sozialen, auch moralischen Normen stattfinden: Wie das bekannte Stichwort der sozialen Marktwirtschaft fordert, ist die Effizienz der Wirtschaftsordnung in eine menschenwürdige Gesellschafts- und Rechtsordnung einzubinden. In anderer, erneut grundlegender Weise findet ein Verzicht beim Arbeiten statt.

Die nächste Gruppe von Verzichten, jene, die das Menschsein steigern, fallen zwar vielen Menschen schwer, können aber doch als Ideale humanen Lebens überzeugen: Seelenruhe und Lebensweise, ein zumindest gelegentliches Fasten und das bei manchen Religionen von ihren Anhängern geforderte Sich-Verleugnen. Wenn man sodann die Aufklärung nicht auf ihre wörtliche Bedeutung verkürzt, nämlich Klarheit ins Unklare und Licht ins Dunkle zu bringen, wenn vielmehr die dafür nötigen Antriebskräfte erkundet werden, dann entdeckt man zwei letztlich noch anspruchsvollere Selbstbeschränkungen: Ohne die Verzichte auf Faulheit und Feigheit wird der Mensch keine selbstverantwortliche, mündige Person. Das Kapitel zur Steigerung des Menschseins endet mit einem unerwarteten Plädoyer für Armut, Demut und Keuschheit, an das sich einige exemplarische Verzichtsweisheiten anschließen.

Selbst wenn man nach einem Durchgang durch diese vielen und verschiedenartigen Formen von Selbstbeschränkungen den Verzicht positiv einzuschätzen lernt, darf man unvernünftige und missbräuchliche Arten nicht übersehen, die ebenso zum Themenfeld des Verzichts gehören: die mancherorts geübte Leibfeindlichkeit und, nicht so einfach zu beurteilen, das kaum zu rechtfertigende Recht nicht bloß auf gelegentlichen Müßiggang, sondern auf Faulheit schlechthin. Schließlich pflegt man dem Kapitalismus dunkle Seiten vorzuhalten, weshalb, so geht die verbreitete Forderung, Wirtschaft und Gesellschaft sich von den Fesseln der kapitalistischen Herrschaft befreien sollten. Ob die zu Recht monierten dunklen Seiten aber tatsächlich im Kern, also im «Geist des Kapitalismus», gründen, verdient, was wir nicht beiseitegeschoben haben: eine nähere Überprüfung.

Die letzten beiden Kapitel behandelten aktuelle Krisen, die teils mehr persönliche, teils mehr kollektive Verzichte nötig machen. Die erste Gruppe, die Verzichte im Kontext von Finanz-, Flüchtlings-, Covid- und Energiekrise, erzwingt bei den einzelnen Betroffenen so tief einschneidende Selbstbeschränkungen, dass sie genau aus dem Grund, weil sie radikal und erzwungen sind, den schlechten Ruf des Verzichts verständlich machen.

Für die letzte Gruppe von Verzichten trifft aber das Gegenteil zu. Die jetzt vor allem international und global, also kollektiv notwendigen Selbstbeschränkungen, die Verzichte auf Panikmache, auf eine weitere Bevölkerungsexplosion, auf die immer noch herrschende Überbeanspruchung der Natur, nicht zuletzt die für eine zukunftsfähige Klimapolitik unabdingbaren Einschränkungen, sind derart drängend und erfreulicherweise schon des längeren bekannt und anerkannt, dass von ihnen her die geringe Reputation unseres Leitbegriffe nicht einleuchtet: Ohne umfassende und tief einschneidende Selbstbeschränkung der Menschheit ist unser Planet, da gibt es nichts zu rütteln, schon für die baldige und noch mehr für die fernere Zukunft, immerhin die unserer Kinder und Enkel, nicht zu retten.

Welche Bilanz ist also zu ziehen? Dieser Essay hat keineswegs alle bekannten und denkbaren Verzichte behandelt. Zum Beispiel ist er nicht auf finanzpolitische Verzichte eingegangen wie der Verzicht hochverschuldeter Länder auf weitere Staatsverschuldung. Trotzdem sind die hier erörterten Lebensbereiche, in denen es Verzichte braucht, weit zahlreicher, zudem verschiedenartiger, als man zunächst erwartet. Unterschiedlicher sind auch die Inhalte der Verzichte, ferner deren Leitzweck. Denn einige Selbstbeschränkungen sind schon um des Eigenwohls erforderlich, andere um des Wohls der Mitmenschen und des Gemeinwohls, sogar des Wohls der gegenwärtigen und der zukünftigen Menschheit willen.

Unterschiedlich sind auch die Gründe für das Verzichten. Nicht immer drängen sich die Verzichte, wozu Ökonomen, auch einige Sozialwissenschaftler anzunehmen neigen, wegen knapper Ressourcen auf. Auch ist nicht immer ist ein vernünftiges Selbstinteresse zugunsten von Solidarität zu verabschieden. Weder ist es bei den Selbstbeschränkungen der Fall, die das Menschsein ermöglichen, noch bei denen, die das Menschsein steigern, denn für beide Aufgaben sind persönliche Lebensklugheit und Lebensweisheit, mithin ein aufgeklärtes Eigenwohl gefragt.

Eine weitere Differenzierung in unserem Themenfeld betrifft die Modalitäten: Teils sind die Verzichte von innen heraus, aus freien Stücken zu erbringen, teils werden sie von außen erzwungen, teils liegt als dritte Möglichkeit eine Mischform vor: dass die Selbstbeschränkungen zwar von außen aufgedrängt werden und trotzdem freiwillig vorzunehmen sind.

Schließlich zeigt sich, bald deutlicher, bald nur mitlaufend, dass unser Thema einen anthropologischen Rang hat. Der Mensch, so wie wir ihn kennen, ist ständig von zwei grundlegenden Überheblichkeiten bedroht, von der Gefahr des Immer-mehr-Wollens, des Nie-Zufriedenseins, der Pleonexie, und der Gefahr des Hochmuts und Übermuts, der Vermessenheit, der Hybris. Man kann auch von Habgier oder Habsucht und von Machtgier oder Machtsucht sprechen. Eine dritte Gier, die Sucht nach Bestätigung, gesteigert zu Ehrsucht und Ruhmsucht, kommt noch hinzu.

Das dagegen unverzichtbare Heilmittel braucht man nicht lange zu suchen: Will der einzelne Mensch und will die moderne Zivilisation menschenwürdig überleben, benötigen sie ein hohes Maß an einer sowohl persönlichen als auch wirtschaftlichen, ferner gesellschaftlichen und politischen Selbsteinschränkung. Exemplarisch gesagt sind Besonnenheit und Klugheit auf allen Ebenen, von den Einzelpersonen über Gruppen und Organisationen bis zu Staaten und der Staatengemeinschaft, unverzichtbar.

Will man eine Bilanz in wenigen Sätzen ziehen, so könnte sie so lauten: Verzichte, und zwar durchaus unterschiedliche Verzichte zu üben, ist eine die verschiedenen Kulturen und Epochen übergreifende, allgemeinmenschliche Aufgabe. Sie hat einen anthropologischen Rang. Ohne vielfache Selbsteinschränkungen kann der Mensch weder ein Mensch sein noch sein Menschsein steigern. Die konkreten Geschalten des Verzichtens fallen allerdings je nach Kultur und Epoche und je nach den Zeitbedingungen unterschiedlich aus.

Wegen beider Gründe, wegen der anthropologischen Gemeinsamkeit und wegen der heutigen Aktualität, ist geboten, was dieser Essay versucht: Der Verzicht ist in seiner Bedeutung erheblich aufzuwerten; er verdient den Rang eines philosophischen und politischen Grundbegriffs.

Literatur

Klassiker der Philosophie und der schönen Literatur werden hier zumeist nicht aufgeführt.

Adorno, Th. W. 1969: Diskussionsbemerkung zu R. Dahrendorf, in: ders. (Hrsg.): Spätkapitalismus oder Industriegesellschaft? Verhandlungen des 16. deutschen Soziologentages, Stuttgart, S. 100–106.

Aiolfi, S. 2022: ‹Die Grenzen des Wachstums›. Wie konnte der Club of Rome mit seinen Untergangsszenarien so daneben liegen? in: Neue Zürcher Zeitung 2. März 2022.

Aristoteles: Nikomachische Ethik, übers. u. hrsg. v. U. Wolf, Reinbeck bei Hamburg 2006; griech.: Ethica Nicomachea, hrsg. v. I. Bywater, London u. a. 1894.

Bollnow, F. 1958: Wesen und Wandel der Tugenden, Frankfurt am Main.

Burke, E. 1757/1982: A Vindication of Natural Society, Indianapolis.

Club of Rome (Hrsg.) 2022: Earth for All. Ein Survivalguide für unseren Planeten, München.

Crip, R. / M. Slote (Hrsg.) 1997: Virtue Ethics, Oxford.

Deutsches Wörterbuch, hrsg. v. Jacob u. W. Grimm, 33 Bde., Leipzig 1854–1971.

Düffel, J. v. 2022: Das Wenige und das Wesentliche: Ein Stundenbuch, Köln.

Geese, H. 1977: Zur biblischen Theologie. Alttestamentliche Vorträge, Tübingen.

Hegel, G. W. F. 1971: Werke in 20 Bden u. Register, Frankfurt am Main.

Historisches Wörterbuch der Philosophie, hrsg. v. J. Ritter u. a., 13 Bde., Basel/Stuttgart 1971–2007.

Höffe, O. 1993, ^{4}2000: Moral als Preis der Moderne. Ein Versuch über Wissenschaft, Technik und Umwelt, Frankfurt am Main.

— 2020: Mit Leichtigkeit und Heiterkeit des Herzens, in: Frankfurter Allgemeine Zeitung, 30. Nov., S. 6.

— 2021: Noch ein Rawls-Blick auf die Corona-Politik, in: ders., Gerechtigkeit denken. John Rawls' epochales Werk der politischen Philosophie, 2., erweiterte Aufl., S. 191–198.

Kant, I.: Werke. Akademie Textausgabe, 9 Bde., Berlin 1968.

Kant-Lexikon, hrsg. v. M. Willaschek u. a., 3 Bde., Berlin 2015.

Lesebuch zur Ethik. Philosophische Texte von der Antike bis zur Gegenwart, hrsg. v. O. Höffe, München, [5]2012.

Meadows, M. 1972: The Limits to Growth / Die Grenzen des Wachstums. Bericht des Club of Rome zur Lage der Menschheit, Stuttgart.

Nietzsche, F.: Menschliches, Allzumenschliches, in: Kritische Studienausgabe, hrsg. v. G. Colli / M. Montinari, Bd. 2, Berlin 1980.

Pieper, J.: 1964: Das Viergespann. Klugheit, Gerechtigkeit, Tapferkeit, Maß, München.

Rippe, K. R. / P. Schaber (Hrsg.) 1997: Tugendethik, Stuttgart.

Scheler, M. 1915: Zur Rehabilitierung der Tugend, in: ders., Abhandlungen und Aufsätze. 2 Bde. Leipzig, S. 1–38.

Simon, J. 1981: The Ultimate Ressource, Princeton.

Smith, A.1974: Der Wohlstand der Nationen. Eine Untersuchung seiner Natur und seiner Ursachen, übers. v. H. C. Recktenwald. Orig.: The Wealth of Nations. An Inquiry into the Nature and Causes of the Wealth of Nations, London 1776.

Sombart, W. 21927: Das europäische Wirtschaftsleben im Zeitalter des Frühkapitalismus, München/Leipzig.

Spinoza, B. de 2010: Tractatus Politicus / Politischer Traktat, Lateinisch – Deutsch, übers. u. hrsg. v. W. Bartuschat, Hamburg, orig. 1677.

Steck, O. H. 1975: Der Schöpfungsbericht der Priesterschrift: Studien zur literaturkritischen und überlieferungsgeschichtlichen Problematik von Genesis 1,1–2, 4a, Göttingen.

Swift, J. 1965: Entschließungen für mein Alter, in ders.: Satiren, übers. v. F. P. Greve u. a., Frankfurt am Main, S. 165–166.

Personenregister

Adorno, Theodor W. 35, 54
Aristoteles 40, 57, 59, 64, 67, 73, 75, 99, 100, 114, 129

Bacon, Francis 55
Bentham, Jeremy 12
Bezos, Jeff 153
Bloch, Ernst 54, 158 f., 162
Blom, Philipp 177
Bollnow, Otto F. 54
Bonhoeffer, Dietrich 28
Bourdieu, Pierre 173
Buddha (Siddharta Gautama) 115
Burke, Edmund 35
Buttlar, Horst von 167 f.

Camus, Albert 54
Carnegie, Andrew 153

Dahrendorf, Ralf 35
Delp, Alfred Friedrich 28
Descartes, René 177 f.
Diogenes von Sinope 103
Dollase, Jürgen 110
Düffel, John von 54, 107, 127, 173
Dürer, Albrecht 145

Epikur 101 f., 114

Foucault, Michel 59
Freud, Sigmund 12, 59

Gates, Bill 153
Gide, André 126
Goethe, Johann Wolfgang von 55
Gracián, Baltasar 55, 125
Grimm, Gebrüder 24
Guicciardini, Francesco 55

Hegel, Georg Wilhelm Friedrich 15f., 54, 93, 129ff.
Hermann Hesse 146
Hildegard von Bingen 110
Hippokrates 111
Hitler, Adolf 28, 95
Hobbes, Thomas 30, 32 f., 35
Hofmannsthal, Hugo von 28
Hölderlin, Friedrich 134
Hunold, Rainer 111
Hürlimann, Thomas 97

Ingendaay, Paul 60

Jiménez Fortes, Saúl 61
Jonas, Hans 54, 158–162

Kant, Immanuel 15 f., 30, 33, 35, 37, 54, 74–78, 108, 113 f., 118 f., 129, 178
Karl der Große 171

La Bruyère, Jean de 54
La Rochefoucauld, François VI. de 54

Lafargue, Paul 149 f., 154
Lepenies, Philipp 20
Lichtenberg, Georg Christoph 55
Liu An 125
Locke, John 30

Mao Zedong 95
Marcuse, Herbert 82
Marx, Karl 82, 149
Meadows, Dennis 164 f.
Mitscherlich, Alexander 84
Montaigne, Michel de 54
Morus, Thomas 149

Nietzsche, Friedrich 15, 18, 55 ff., 59, 82, 104, 122 ff.

Pascal, Blaise 54, 126
Pieper, Josef 54
Platon 57, 59, 64, 67, 73, 114, 125, 129 f.
Plutarch 55
Ptahhotep 124

Rawls, John 30
Rembrandt van Rijn 145
Rilke, Rainer Maria 21, 174
Rockefeller, John D. 153
Rousseau, Jean-Jacques 30, 65 f.
Rowling, Joanne K. 153

Scheler, Max 54
Schiller, Friedrich 28, 46
Scholl, Geschwister 28
Schopenhauer, Arthur 55
Seneca 55, 105
Shakespeare, William 46, 98
Simon, Julian L. 165
Smith, Adam 88 f., 156, 184
Sokrates 125, 130
Sophokles 28
Spinoza, Baruch de 30, 88
Stalin, Josef 95
Stauffenberg, Claus Schenk Graf von 28
Strauss, Richard 28
Swift, Jonathan 88

Thales von Milet 125
Theophrast von Eresos 55
Thomas von Aquin 116 f.
Thoreau, Henry David 126

Valentin, Karl 126
Vigée, Louis 126

Wagner, Richard 46 f.
Watts, Alan 126
Weber, Max 152–155
Weil, Simone 126